地球新発見の旅
What am I feeling here ?

JN265571

にっぽん絶景の旅

The Greatest Landscape of Japan

1泊2日で見に行く!

絶景の達人 太鼓判

旅の時間

旅って何だろう。
旅先の時間ってどんな意味を持つのだろう。

酒と旅をこよなく愛した作家吉田健一は、『旅の時間』という短編集のなかで、
このテーマについて執拗に思いめぐらす。
旅の途中や旅先には、特有の「手ごたえのある時間」がある、とこの作家は言う。
「快く調和した時間」があり「語りかけてくる時間」があり
「別な世界に流れ込む時間」があり「過去を呼びよせてくる時間」があり
「生きている方向が決まるような時間」がある、と言う。
それらの「時間」は、出会ったモノによって、人によって、
あるいは街や建物や風景などによって、日常とは異なった気配で生まれてくる。
それぞれに特別な意味を持った、夥しい旅の「時間」だ。
たとえば、『パリ』の旅で登場する画家は、
「旅先では時間が普通と違った具合にたって行くとお思いになりませんか」と問いかけ、
「こういう絵があってそれに惹かれたりすれば時間はゆっくりたって行く」と自答する。
「絵」というモノがあれば、そこに固有の性格を持った「時間」が存在するのだと。
また、『ニューヨーク』のバーに流れる「時間」についてはこんなことも言う。
遠くの旅先にいるという意識が頭のどこかにありつつ、
そこの客の顔のように振る舞えるときには「息がつける」感覚があり、そして
「それがあるから人間は旅行をするのかもしれない」のだと。

西行法師は、旅の途中那須のあたりでこんな歌を詠んだ。
　　道の辺に清水流るる柳陰　しばしとてこそ立ちとまりつれ
西行は、道端の柳に風趣を覚え、しばしたたずんだ。
清水の音と柳の姿にふと立ちどまり、去り難い心持ちにふけったのだろう。
この「しばし」がまさしく「旅の時間」である。
時代が過ぎ、西行を慕うように東北へと旅に出た松尾芭蕉は、この歌に寄り沿うように、
　　田一枚植ゑて立ち去る柳かな
と同じ場所で詠んだ。
ここにも、柳を眺め西行を偲んで立ち去るまでの、芭蕉固有の「旅の時間」がある。

このページの写真は、熊本にある鍋ヶ滝という「絶景」である。
しかも、その滝を裏側から見ている。（表側からの光景はP.136に紹介してある。）
裏側から見る滝を「裏見の滝」と呼ぶらしい。
芭蕉は『おくのほそ道』で、
　　しばらくは滝にこもるや夏の初め
と詠んだ。
日光東照宮に参詣したあと、山を登ってこの滝に辿り着いた。
鍋ヶ滝ではないが、ここもまた裏から見る滝として有名であった。
そして、この句の「しばらくは」がやはり「旅の時間」である。
滝にこもる、とは仏僧が滝の裏にこもって行をすることからきている。
旅人芭蕉にとって旅は人生の宿命であり、風雅に生き続けるための実践であり、
とりわけ奥の細道への旅は、旅そのものが修行のような試みではあった。
といってむろん芭蕉が滝の裏で修行したのではない。
仏僧にならって滝の裏にちょっとこもり、
「裏見の滝」としゃれてみた、というところだろうか。
芭蕉得意の諧謔だろうが、しかしこの「しばらくは」は、
芭蕉の人生の一端として、さまざまな思いをこめた「旅の時間」だったに違いない。

「旅の時間」は旅人の数だけあり、旅人が見る風景の数だけある。
『にっぽん 絶景の旅』のなかで、あなたの心にはどんな「旅の時間」が流れるのだろうか。

地球新発見の旅
What am I feeling here ?
にっぽん絶景の旅

目次

潮騒にやすらぐ海・岬

1. 知床半島 北海道 しれとこはんとう …… 8
2. 雨晴海岸 富山 あまはらしかいがん …… 14
3. 野付半島のトドワラ 北海道 のつけはんとうのトドワラ …… 16
4. 北山崎／浄土ヶ浜 岩手 きたやまざき／じょうどがはま …… 18
5. 都井岬 宮崎 といみさき …… 22
6. 御輿来海岸 熊本 おこしきかいがん …… 24
7. 七ツ釜 佐賀 ななつがま …… 26
8. 田原海岸の海霧／橋杭岩 和歌山 たわらかいがんのうみぎり／はしぐいいわ …… 28

光る波 南海の佳景

9. 竹富島のコンドイビーチ 沖縄 たけとみじまのコンドイビーチ …… 32
10. 波照間島のニシ浜 沖縄 はてるまじまのニシはま …… 36
11. 慶良間諸島 沖縄 けらましょとう …… 38
12. 与論島の百合ヶ浜 鹿児島 よろんじまのゆりがはま …… 42

パノラマ高原ビュー

13. 立山黒部アルペンルート 富山／長野 たてやまくろべアルペンルート …… 44
14. 阿蘇の草千里ヶ浜 熊本 あそのくさせんりがはま …… 50
15. 八幡平 岩手／秋田 はちまんたい …… 54
16. 四国カルスト 愛媛／高知 しこくカルスト …… 58

優しい野生 湿原

17. 釧路湿原 北海道 くしろしつげん …… 60
18. 尾瀬ヶ原 群馬／福島／新潟 おぜがはら …… 64

鮮やか！ 花絨毯

19. 美瑛・四季彩の丘 北海道 びえい・しきさいのおか …… 68
20. 吉野山の桜 奈良 よしのやまのさくら …… 74
21. 河内藤園 福岡 かわちふじえん …… 76
22. 北竜町のひまわりの里 北海道 ほくりゅうちょうのひまわりのさと …… 78
23. 羊山公園の芝桜 埼玉 ひつじやまこうえんのしばざくら …… 80
24. 国営ひたち海浜公園のネモフィラ 茨城 こくえいひたちかいひんこうえんのネモフィラ …… 82
25. 葛城高原 自然つつじ園 奈良／大阪 かつらぎこうげん しぜんつつじえん …… 84
26. 横浜町の菜の花畑 青森 よこはままちのなのはなばたけ …… 86

天空の城

27. 竹田城跡 兵庫 たけだじょうせき …… 88
28. 備中松山城 岡山 びっちゅうまつやまじょう …… 92

洋上の極楽秘島

29. しまなみ海道 広島／愛媛 しまなみかいどう …… 94
30. 礼文島 北海道 れぶんとう …… 98
31. 英虞湾 三重 あごわん …… 102
32. 佐渡島 新潟 さどがしま …… 104
33. 青ヶ島 東京 あおがしま …… 108
34. 松島 宮城 まつしま …… 110
35. 隠岐・西ノ島 島根 おき・にしのしま …… 114
36. 九十九島 長崎 くじゅうくしま …… 118

本書をお使いになる前に

本書に掲載されている情報は2014年7〜8月に調査・確認したものです。出版後に掲載施設などの開業(営業)時間、各種料金や交通情報、地図情報などが変更になる場合もあります。お出かけの前に最新情報をご確認ください。掲載内容には万全を期しておりますが、本書の掲載情報による損失、および個人的トラブルに関しては、弊社では一切の責任を負いかねますので、あらかじめご了承ください。●交通機関の所要時間、本数(便数)は時期や時間帯により変動する場合があります。目安としてご利用ください。●おすすめの季節・時間は目安です。また、開花時期などは年により変動しますので、事前にご確認ください。●モデルプランには絶景スポットの周辺観光地も組み込んでいます。出発地や季節などにより内容は変動が予想されます。プランニングの参考としてご利用ください。●写真は季節や時間帯、撮影場所などにより、訪れたときの風景と異なる場合もあります。

CONTENTS

変幻自在 雪化粧
- 37 オホーツク海の流氷 北海道 … 120
- 38 八甲田山の樹氷 青森 … 124
- 39 横手のかまくら 秋田 … 126
- 40 阿寒湖のフロストフラワー 北海道 … 128

森の奥に、名瀑
- 41 マックラ滝 栃木 … 132
- 42 鍋ヶ滝 熊本 … 136
- 43 七ツ釜五段の滝 山梨 … 138
- 44 姥ヶ滝 石川 … 142

山紫水明 渓谷・峡谷
- 45 屋久島の白谷雲水峡 鹿児島 … 144
- 46 高千穂峡 宮崎 … 150
- 47 瀞峡 和歌山／三重／奈良 … 154
- 48 黒部峡谷 富山 … 156
- 49 猊鼻渓 岩手 … 160
- 50 昇仙峡 山梨 … 164

眺めのいい橋
- 51 谷瀬の吊り橋 奈良 … 168
- 52 角島大橋 山口 … 172
- 53 タウシュベツ橋梁 北海道 … 174
- 54 古宇利大橋 沖縄 … 176

明鏡の湖沼
- 55 十二湖の青池 青森 … 178
- 56 上高地の大正池 長野 … 182
- 57 十和田湖 青森／秋田 … 186
- 58 摩周湖 北海道 … 190
- 59 五色沼 福島 … 194

美しい村
- 60 白川郷 岐阜 … 198
- 61 星峠の棚田 新潟 … 204
- 62 下栗の里 長野 … 206
- 63 伊根の舟屋 京都 … 208
- 64 白米千枚田 石川 … 212
- 65 椎葉村 宮崎 … 214
- 66 天草の﨑津集落 熊本 … 218
- 67 東後畑の棚田と漁り火 山口 … 220

にっぽん 絶景の旅MAP … 6
INDEX … 222

The Greatest Landscape of Japan

にっぽん 絶景の旅MAP

いますぐ見に行きたい厳選67スポット

四季の移ろい、豊かな自然が生み出す絶景に感激！

中国・四国

16 四国カルスト →58 愛媛/高知

28 備中松山城 →92 岡山

29 しまなみ海道 →94 広島/愛媛

35 隠岐・西ノ島 →114 島根

52 角島大橋 →172 山口

67 東後畑の棚田と漁り火 →220 山口

近畿

8 田原海岸の海霧/橋杭岩 →28 和歌山

20 吉野山の桜 →74 奈良

25 葛城高原自然つつじ園 →84 奈良/大阪

27 竹田城跡 →88 兵庫

47 瀞峡 →154 和歌山/三重/奈良

51 谷瀬の吊り橋 →168 奈良

63 伊根の舟屋 →208 京都

九州・沖縄

5 都井岬 →22 宮崎

6 御輿来海岸 →24 熊本

7 七ツ釜 →26 佐賀

9 竹富島のコンドイビーチ →32 沖縄

10 波照間島のニシ浜 →36 沖縄

11 慶良間諸島 →38 沖縄

12 与論島の百合ヶ浜 →42 鹿児島

14 阿蘇の草千里ヶ浜 →50 熊本

21 河内藤園 →76 福岡

36 九十九島 →118 長崎

42 鍋ヶ滝 →136 熊本

45 屋久島の白谷雲水峡 →144 鹿児島

46 高千穂峡 →150 宮崎

54 古宇利大橋 →176 沖縄

65 椎葉村 →214 宮崎

66 天草の﨑津集落 →218 熊本

東海・北陸

2 雨晴海岸 →14 富山

13 立山黒部アルペンルート →44 富山/長野

31 英虞湾 →102 三重

44 姥ヶ滝 →142 石川

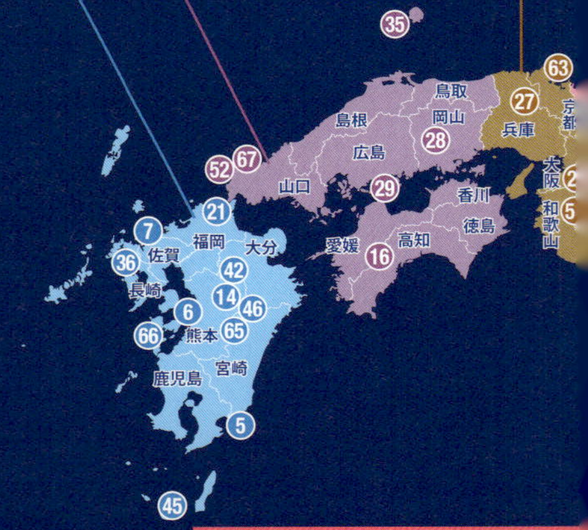

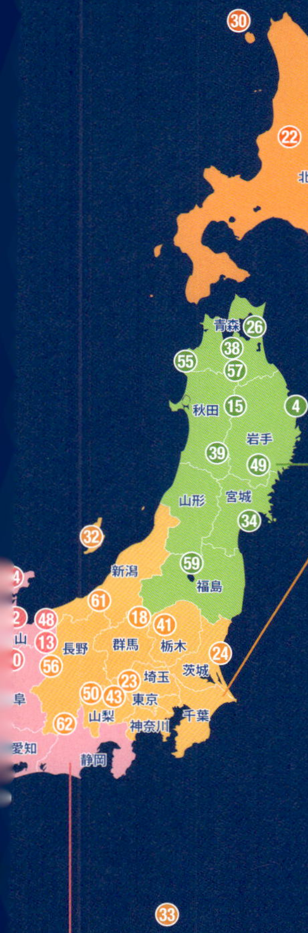

北海道

1 知床半島
→8 北海道

3 野付半島のトドワラ
→16 北海道

17 釧路湿原
→60 北海道

19 美瑛・四季彩の丘
→68 北海道

22 北竜町のひまわりの里
→78 北海道

30 礼文島
→98 北海道

37 オホーツク海の流氷
→120 北海道

40 阿寒湖のフロストフラワー
→128 北海道

53 タウシュベツ橋梁
→174 北海道

58 摩周湖
→190 北海道

関東・甲信越

18 尾瀬ヶ原
→64 群馬／福島／新潟

23 羊山公園の芝桜
→80 埼玉

24 国営ひたち海浜公園のネモフィラ
→82 茨城

32 佐渡島
→104 新潟

33 青ヶ島
→108 東京

41 マックラ滝
→132 栃木

43 七ツ釜五段の滝
→138 山梨

50 昇仙峡
→164 山梨

56 上高地の大正池
→182 長野

61 星峠の棚田
→204 新潟

62 下栗の里
→206 長野

東北

4 北山崎／浄土ヶ浜
→18 岩手

15 八幡平
→54 岩手／秋田

26 横浜町の菜の花畑
→86 青森

34 松島
→110 宮城

38 八甲田山の樹氷
→124 青森

39 横手のかまくら
→126 秋田

49 猊鼻渓
→160 岩手

55 十二湖の青池
→178 青森

57 十和田湖
→186 青森／秋田

59 五色沼
→194 福島

48 黒部峡谷
→156 富山

60 白川郷
→198 岐阜

64 白米千枚田
→212 石川

1 オホーツクの海にはぐくまれた世界遺産のネイチャーワールド

北海道

知床半島
しれとこはんとう

力強い自然が包み込む半島。観光船に乗って、海上からもダイナミックな風景を眺めることができる

知床半島

稀少生物たちの最後の楽園は
豊かな森と豪快な景勝の宝庫

　オホーツク海に突き出す半島の海域には、流氷が運ぶ栄養により発生するプランクトンを求めて魚群やアザラシが集まり、鮭を捕食するヒグマやキツネなどとともに、陸・川・海で一大食物連鎖を生んでいる。半島中央部には知床連山がそびえ、山頂から海にかけて手つかずの樹林が覆う。その稀有な自然環境が評価され、海域を含むエリアが世界自然遺産に登録されている。なかでも半島北部は道路もない秘境で、西の海岸線には波に削られた荒々しい断崖絶壁が続く。断崖を流れ落ちるカシュニの滝、ヒグマの姿など、大自然のダイナミズムを感じさせる光景はクルーズ船で楽しめる。知床五湖巡り、羅臼のホエールウォッチングなどのネイチャーツアーも人気。

i 最新情報はココでチェック

知床斜里町観光協会　☎0152-22-2125
知床自然センター　☎0152-24-2114
所 北海道斜里郡斜里町遠音別村岩宇別531
知床羅臼町観光協会　☎0153-87-3360
所 北海道目梨郡羅臼町本町361-1

夏は知床五湖が大賑わいに　季節／時間

1	2	3	4	5	6	7	8	9	10	11	12

新緑(5月〜)から紅葉(9〜10月)の頃まで美しい。花の咲く6〜8月に観光は最盛期を迎える。知床五湖の散策は時期ごとに散策の制限があるので確認が必要(➡P.13)。羅臼のホエールウォッチングでマッコウクジラが見られる確率が高いのは8〜9月。

花の見ごろ 【ミズバショウ】4月下旬〜5月
【エゾスカシユリ】6月下旬〜7月上旬　【ハマナス】7月

野生動物とは距離を置いて　アドバイス

知床半島は局地的に特異な気象が見られる。天候の事前確認をし、予定の変更・中断も含めて無理のない計画で観光しよう。知床半島は全域がヒグマなどの野生動物の生息地。彼らの生活を乱し、かつ危険でもあるので、野生動物には絶対に近寄らず、エサを与えない。ハチや虫よけのため夏も長袖長ズボンで。

左：片山さん(知床財団)

絶景アドバイザー
知床八景のひとつ、フレペの滝は、断崖から山まで見渡せるおすすめのスポット。遊歩道先の展望台から眺めることができます。フレペの滝近くにある知床自然センターでは、知床の自然を知り、安全に楽しんでいただくための情報を提供しています。散策前にぜひお立ち寄りください。

1 知床五湖は約4000年前の硫黄山の山崩れによる窪みから生まれた湖
2 直接海に注ぎ込むカシュニの滝などの景色をクルーズ船から堪能
3 カムイワッカ湯の滝には硫黄山から湧く温泉が流れ込んでいる
4 上空から見た知床五湖
5 ヒグマは知床の陸の王者
6 知床五湖の高架木道

女満別空港から直行バスが運行　交通

- 女満別空港からウトロ温泉まで網走バス／斜里バス知床エアポートライナーで約2時間10分
- 羅臼からウトロ温泉まで斜里バス／阿寒バスで約50分

女満別空港からウトロへは直行バスがあるが、中標津空港からは路線バスのみで2度の乗り換えが必要（約5時間）。レンタカー利用の場合、女満別空港または中標津空港から約1時間50分。

陸と海から絶景を眺める　モデルプラン

1日目
- 午前：**ウトロの新鮮な海の幸に舌つづみ**
女満別空港からバスでウトロへ。昼食で海の幸を堪能。
- 午後：**ウトロの自然や風景を散策しながら満喫**
ウトロ近くの名所に路線バスでアクセス。まずは知床五湖へ。レクチャーを受けて知床五湖を巡る地上遊歩道を散策。フレペの滝を展望台から眺め、プユニ岬で海に沈む夕日を見る。夜はウトロの温泉ホテルに宿泊。

2日目
- 午前：**船上からダイナミックな半島の自然を見物**
朝から知床半島クルーズへ。知床岬まで続く、断崖や滝などの雄大な眺めを船上からゆっくり眺める。
- 午後：**半島を横断して羅臼へと移動**
知床峠を越える知床横断道路をバスで行き、羅臼へ。クジラの見える丘公園などで海景色を楽しみ、羅臼泊。

3日目
- 午前：**羅臼でイルカや、クジラ、野鳥に会いに行く**
羅臼でホエールウォッチングなどのネイチャークルーズに参加。イルカやクジラの姿に大感激。
- 午後：**知床みやげ片手に帰路に着く**
道の駅 知床・らうすでおみやげを買って帰路につく。

知床で出会える動物たち

ヒグマやエゾシカなど日本では北海道でしか見られない動物も多い。クルージングやハイキングなどでぜひ探してみよう。

ヒグマ／キタキツネ／オオワシ／エゾシカ／ゴマフアザラシ／シャチ

お楽しみワンポイント♪

知床半島クルーズ

知床半島西岸を小型船や大型船で観光。断崖や奇岩、滝、野生のヒグマやイルカなど、陸上では見られない大自然を満喫。各社で1〜4時間のコースを用意している。
- クルーザー観光船ドルフィン　☎0152-22-5018
- ゴジラ岩観光　☎0152-24-3060
- 知床世界遺産クルーズFOX　☎0152-24-2656
- 知床遊覧船　☎0152-24-3777
- 知床観光船おーろら（道東観光開発）　☎0152-24-2147

シーカヤック

初心者でも操作しやすい小型カヌーで、断崖や滝が間近に見られる体験ツアーもある。

原生林トレッキング

知床半島に手つかずで残された原生林を歩いたり、知床の山々を登るガイド付ツアーも。

ホエールウォッチング

かわいいイルカやクジラの迫力あるダイブを眺める観光船は羅臼から多く発着している。
- 知床ネイチャークルーズ　0153-87-4001

立ち寄りスポット

雄大な自然に触れる
知床五湖　しれとここ

ウトロ温泉バスターミナルから斜里バスで約25分

原生林に囲まれて5つの湖が点在。周辺はヒグマやエゾシカなど多様な野生動物が暮らす。散策方法は2種類。自由散策の高架木道は全長800mで、一湖と知床連山を一望。条件付の地上遊歩道は一周約3km。

川のない断崖の滝
フレペの滝　フレペのたき

ウトロ温泉バスターミナルから斜里バスで約10分、知床自然センターバス停から徒歩約20分

雪解け水や雨水が、約100mの断崖の割れ目から流れ落ちるそのさまが涙に見えることから「乙女の涙」の愛称を持つ。

2 海の向こうにそびえる立山連峰の圧倒的な存在感に息をのむ

富山

雨晴海岸
あまはらしかいがん

**3000m級の立山連峰が迫る
世界でも稀有な眺望が広がる海岸**

　岩礁が点在する白浜が広がり、海岸線には青松が生育する景勝地。日本の渚100選にも選ばれている。富山湾越しに立山連峰が望めるダイナミックな眺めと波間に見える女岩(おんないわ)とのコントラストも風情がある。かつて高岡に越中国司として赴任した歌人、大伴家持(おおとものやかもち)もこの佳景を多くの歌に残しているほか、横山大観は『雨晴義経岩(あまはらしよしつねいわ)』を描いている。

最新情報はココでチェック

雨晴駅観光案内所　☎0766-44-0659
所　富山県高岡市渋谷105-5（雨晴駅）

 山々に雪が残る季節がいい　季節／時間

1	2	3	4	5	6	7	8	9	10	11	12

四季折々の景色が楽しめるが、立山連峰の山肌を雪が彩る冬～春先にかけてがおすすめ。けあらし(海水と大気の温度差によって発生する霧)は12～2月頃の、よく冷え込んだ早朝に見られることが多い。

 見学場所は雨晴駅からすぐ　アドバイス

海岸沿いの道は幅が狭く交通量が多いので注意したい。車で訪れる場合、高岡市雨晴マリーナの駐車場利用が便利だ。義経岩近くにある駐車場は台数が少ないので注意。

奥州に向かう途中に源義経が雨宿りをしたという伝説が「雨晴」という名の由来。写真右側の松の木のそばにあるのが義経岩

🚗 氷見線からの眺めも素晴らしい　　交通

■ 高岡駅から雨晴駅までJR氷見線で約20分

氷見線は1日18本運行している。車の場合、能越自動車道（高岡砺波道路）高岡北ICや北陸自動車道小杉ICから、それぞれ15〜30分ほどでアクセスできる。

✏️ 見どころが多い雨晴周辺　　モデルプラン

1日目

午後　**高岡市内を観光してから雨晴海岸へ向かう**
高岡駅に到着したら、市内観光を楽しむ。見どころは、街のシンボルでもある高岡大仏や高岡古城公園など。その後、氷見線で雨晴駅へ。義経岩まで海沿いを散策して岩穴から景色を眺めたり、写真撮影を楽しむ。

2日目

午前　**氷見で旬の魚介料理を満喫。冬ならブリがおすすめ**
早朝、「けあらし」を見に海岸へ。宿に戻りチェックアウトして氷見へ移動。氷見海岸からは、蜃気楼が見られることもある。お昼は名物の魚介料理を満喫。おみやげに干物や水産加工品を購入する。

午後　**伏木駅周辺を散策してから帰路へ**
氷見線で高岡へ。伏木駅で途中下車し、登録有形文化財の高岡市伏木気象資料館などを見学。

🏨 **お泊まり情報**　雨晴駅や隣の島尾駅周辺にホテルや民宿があるが数は多くない。氷見駅周辺にも温泉宿がある。

雨晴海岸　15

3 豊かな自然が広がる半島で朽ち果てていくトドマツの林

のつけはんとうのトドワラ　　　北海道

野付半島のトドワラ

地盤沈下や風化が進みこの景色もやがて見られなくなる?

　野付半島は全長約26kmに及ぶ国内最大規模の砂嘴。その湾内には年間2万羽もの渡り鳥が飛来し、春から秋にはさまざまな花が咲き、一帯は華やぎを増す。風光明媚な土地で異彩を放つのが、トドワラと呼ばれるトドマツの立ち枯れ木だ。かつては原生林が広がっていたが、長い年月を経て地盤沈下による海水流入のため枯れ果ててしまった。

最新情報はココでチェック

野付半島ネイチャーセンター　☎0153-82-1270
所 北海道野付郡別海町野付63

周辺スポットの見ごろも重要　季節/時間

| 1 | 2 | 3 | 4 | 5 | 6 | 7 | 8 | 9 | 10 | 11 | 12 |

通年楽しめるが、6月下旬〜7月はとくに多くの花々が開花し、また夏鳥が飛来するなど、豊かな自然景観を見ることができる。夏は霧が出やすいが、野生のゴマフアザラシが見られることもある。冬はオオワシなどの渡り鳥、流氷なども見学できる。

花の見ごろ　クロユリ 5月下旬〜6月中旬　センダイハギ 6月上旬〜7月下旬　エゾカンゾウ 6月中旬〜7月下旬

夏でも寒さ対策を忘れずに　アドバイス

7月でも日中の気温が10℃程度と低いこともあるので、防寒対策はしっかりしておく。周辺では車と野生動物との事故もあるので、運転には十分注意を払いたい。また花畑などに足を踏み入れないようにするなど、自然環境に配慮したい。

野付湾内には干潟や湿原が形成され、数多くの渡り鳥が飛来することから、ラムサール条約にも登録されている

🚗 レンタカー利用が便利　　交通

■ **中標津空港**から**野付半島ネイチャーセンター**まで車で約50分

中標津空港から野付半島ネイチャーセンターまでレンタカーやタクシーで50分ほど。尾岱沼（おだいとう）まで車でアクセスし、遊覧船（4月下旬〜10月のみ）に乗りトドワラを見ることも可能。

📝 散策や伝馬船で眺める　　モデルプラン

1日目 午前
中標津空港から野付半島ネイチャーセンターへ
野付半島に延びる一本道であるフラワーロードから季節の花々を眺める。途中、ナラワラ（ミズナラの立ち枯れ木）を見ることもできる。

1日目 午後
ネイチャーセンターのツアーに参加
ネイチャーセンターで名物の「別海ジャンボホタテバーガー」を味わったあと、ガイドツアーに参加してトドワラを見学。

2日目 午前
前日とは異なる場所からトドワラを眺める
尾岱沼から伝馬船で水深の浅い野付湾を周遊。遊覧船コースには、外海を周遊するものもある。ランチは海鮮メニューを堪能。

2日目 午後
おみやげを購入して、次の目的地へ
別海町の名産品である乳製品などを購入。

🛏 **お泊まり情報**　尾岱沼にある温泉宿がおすすめ。中標津空港周辺にもホテルがある。

野付半島のトドワラ

4 三陸海岸の自然が生んだ風趣を異にする、2つの絶景

きたやまざき／じょうどがはま　　岩手

北山崎／浄土ヶ浜

ヤマセが吹きつけることで、沿岸部では見られないような高山植物が断崖に自生している。また、崖上部に広がる森には、ニホンカモシカなど多様な動物が生息する(北山崎)

1 風光明媚な入江側からの景色。対照的に外海側からは浸食された岩々の、動的で荒々しい景色が眺められる（浄土ヶ浜）
2 冬場でも珍しいといわれる雪をまとった絶壁の風景（北山崎）
3 林立する流紋岩はおよそ5000万年前にできたもの（浄土ヶ浜）

自然がつくり出した芸術ともいうべき三陸海岸を代表する2大景勝地

　田野畑村にある北山崎は、田野畑から普代村黒崎まで、約8kmにわたり高さ200mもの断崖が続く海岸線。切り立った断崖、崖下に散見する海蝕洞、巨大な奇岩など、長い年月をかけて自然がつくり出した景観は、あまりに壮大で息をのむほど。紅葉、雪化粧など、四季折々の表情も豊かだ。
　一方の浄土ヶ浜の名は300余年前の禅僧、霊鏡が「さながら極楽浄土のごとし」と評したことに由来するといわれる。波風穏やかな入り江には、鋭く尖った流紋岩の白、ナンブアカマツの緑、澄んだ海の青が鮮やかに映え、和尚の言葉どおり、現世とは思えないほどの明媚な景色が広がっている。

最新情報はココでチェック

北山崎ビジターセンター（体験村・たのはたネットワーク）
℡ 0194-37-1211　岩手県下閉伊郡田野畑村北山129-10
浄土ヶ浜ビジターセンター　℡ 0193-65-1690
岩手県宮古市日立浜町32-69

行楽シーズンは混雑　季節／時間

1	2	3	4	5	6	7	8	9	10	11	12

どちらも一年を通じて観光でき、大型連休や夏季などの休暇期間は観光客で混み合う。冬場は雪でアクセスに苦労することも。おすすめの時期は4〜11月で、とくに北山崎で景勝美を重視するなら、空気が澄んだ9月以降がベスト。また、浄土ヶ浜は海水浴場としても有名で、7〜8月には海水浴客で賑わう。

国立公園の規則に従い行動を　アドバイス

北山崎、浄土ヶ浜はどちらも三陸復興国立公園内にあるため、動植物の持ち帰りやゴミの放置は厳禁。また、浄土ヶ浜では4〜10月の期間と通年の夜間（18：00〜翌8：00）は、浄土ヶ浜公園内道路への一般車両の進入が規制されているので注意。

絶景アドバイザー

体験村・たのはたのみなさん

北山崎では6〜7月に"ヤマセ"と呼ばれる霧が発生することがあります。その際は北山崎ビジターセンターのハイビジョンシアターで四季の北山崎の景色をご覧いただけます。6〜7月に園地内散策路に咲くシロバナシャクナゲの花もおすすめです。売店では地元の乳製品や昆布が人気です。

車が便利だが、北リアス線も人気　交通

- 盛岡駅から浄土ヶ浜まで車で約2時間20分
- 浄土ヶ浜から北山崎まで車で約1時間40分

2つとも巡るなら車でのアクセスが便利。車以外の場合、盛岡駅から宮古駅へは長距離バス（毎時1本程度）とJR山田線（1日9〜10本）が運行。そこから田野畑駅までは、三陸鉄道北リアス線を利用する。この鉄道を目当てに訪れる旅行者も多い。

お楽しみワンポイント♪

サッパ船アドベンチャーズ

漁に使われる小型船に乗って断崖や岬に近づき、北山崎の迫力を間近で楽しむ約1時間のクルージング。
- 営 9:00～17:00（要予約、当日は応相談）
- 休 無休　料 3500円（2名以上の場合）

みやこ浄土ヶ浜 遊覧船

浄土ヶ浜から姉ヶ崎にかけ、宮古湾周辺にある自然景観の見どころをおよそ40分で巡る観光船ツアー。
- 営 3～11月の土・日・月曜、祝日（4〜5便運航、季節により変更あり）　料 1250円

まめぶ汁

久慈市の郷土料理で、まめぶとはクルミや黒砂糖の入った団子のこと。それを野菜など数種類の具材と一緒に醤油ベースの汁で煮込む。北山崎レストハウスで食べられる。

盛岡から反時計回りに巡る　モデルプラン

1日目 午後　盛岡から宮古へ。浄土ヶ浜を見て、周辺に宿泊
盛岡からは車で宮古方面へと向かう。浄土ヶ浜に到着したら、まずは浜からの景色を楽しみたい。その後、観光船に乗って、浄土ヶ浜を含む宮古湾の見どころを海から堪能。この日は周辺のホテルに宿泊する。

2日目 午前　北山崎へ、国道45号をドライブ
国道45号を北上して、宮古から北山崎をめざす。道すがら、道の駅に寄り道するのも楽しい。

2日目 午後　北山崎、龍泉洞を巡って盛岡に戻る
展望台からの眺望、サッパ船アドベンチャーズなどで、北山崎を満喫したあとは、盛岡方面へと車を走らせる。途中、龍泉洞に立ち寄り、見学。鍾乳洞内を歩くので、動きやすい服装をして行くのがおすすめ。

お泊まり情報　宮古駅周辺、龍泉洞のある岩泉町に、ホテルや旅館などの宿泊施設が集まっている。

立ち寄りスポット

日本三大鍾乳洞のひとつ
龍泉洞　りゅうせんどう

北山崎から車で約50分

国の天然記念物にも指定されている鍾乳洞。鮮やかなブルーを放つ、3つの地底湖が見学できる。

まるで屏風のように連なる断崖
鵜の巣断崖　うのすだんがい

北山崎から車で約40分

北山崎と同じく、三陸海岸でも有名な景勝地。壁面に海鵜の巣が作られることにその名が由来する。

5 太平洋を望むなだらかな草原に
日本在来馬がのびのびと生息する

宮崎

都井岬
（といみさき）

青い海と広い空、緑の自然に囲まれた宮崎最南端ののどかな風景

現存する日本在来馬のひとつ、御崎馬（みさきうま）の放牧風景が見られる岬。江戸時代に高鍋藩（たかなべはん）が軍馬用の飼育のために放牧をしたのが発端といわれ、現在は約100頭が生息している。草原で馬が草を食んだり、群れをなす風景は人々の心をなごませてくれる。

岬に立つ都井岬灯台は九州で唯一内部参観できる灯台で、天気が良ければ種子島まで見渡せる。

最新情報はココでチェック

都井岬ビジターセンター（うまの館）　☎0987-76-1546
宮崎県串間市大納42-1

子馬が生まれる時期は春　季節／時間

1	2	3	4	5	6	7	8	9	10	11	12

年間を通して楽しめる。5月中旬には都井岬にあるアジサイロードのアジサイが開花する。また、子馬が見たい場合は出産シーズンに行くとよい。3〜8月、とくに4〜5月が最も多く生まれる。

御崎馬との接し方に配慮を　アドバイス

馬の視界は真後ろを除いた350度だといわれるぐらいに広く、とくに後ろから近づくことを嫌う。噛まれたり蹴られたりする可能性があるのであまり近づかず、遠くから観察したい。また、御崎馬は人間に馴れており人に怖じけずに近づいてくるが、馬には不用意にエサを与えないように。都井岬ビジターセンター（うまの館）では野生馬の観察やトレッキングなどの野外ガイドを行なっているので、事前に電話で問い合わせておきたい。

御崎馬は肩までの高さが130cm程度で、競走馬のサラブレットと比べると小型だ

🚗 海岸線を爽快南国ドライブ　　交通

宮崎空港から都井岬まで車で約2時間

車の場合は、宮崎空港から日南海岸沿いの日南フェニックスロード（国道220号、南郷で国道448号に接続）を南下すればよい。沿道には南国の樹木が植えられ、ビーチムードが漂う。鉄道の場合は、串間駅から串間市コミュニティバスに乗車、都井岬まで40分。バスは1日3～5本運行している。

✏️ 日南フェニックスロード縦断　　モデルプラン

1日目 午前：宮崎空港から日南フェニックスロードを南下する
まずは亜熱帯植物に囲まれた青島神社にお参り。

1日目 午後：モアイ像に油津、海沿いの観光スポットを巡る
サンメッセ日南でランチ。モアイ像をなでて御利益をもらったあとはさらに南下し、油津の漁村でノスタルジックな港町を散策。日南海岸沿いのホテルに宿泊。

2日目 午前：いよいよ都井岬へ。まずは朝日を拝んで幸島へ向かう
芋を洗う野生ザルで有名な幸島（こうじま）へ渡し舟で向かう。そして日南フェニックスロードの終着点、都井岬に到着。都井岬灯台で雄大な景色を望む。灯台横のお店でランチ。

2日目 午後：都井岬のトレッキングツアーに参加
都井岬ビジターセンター（うまの館）へ行き、御崎馬が見られるトレッキングの体験型プログラムに参加する。

🏠 **お泊まり情報**　都井岬の宿泊施設は数軒のみ。串間駅周辺も数が少ない。日南海岸や飫肥（おび）で泊まるのもよい。

都井岬

6 幻想的な光と影を照らし出す 干潟と夕日のコラボレーション

熊本

おこしきかいがん
御輿来海岸

**弧を描くように広がる模様は
波と風がつくり出した自然のアート**

　宇土半島の北側に位置し、網田周辺約5kmにわたって延びる穏やかな海岸。有明海は全国でもとりわけ満潮と干潮の差が激しいため、砂紋が幾重にも折り重なる干潟が出現し、遠浅の海岸では干潮時は見渡すかぎりに美しい波模様が見られる。とくに干潮時と日没が重なる日は、干潟に残った海水が茜色に染まり息をのむ光景が訪れる。

ⓘ 最新情報はココでチェック

宇土市経済部商工観光課
☎0964-22-1111（総合受付）

 日没と干潮が重なる日を確認　季節／時間

1	2	3	4	5	6	7	8	9	10	11	12

　通年見に行くことができるが、海岸が絶好の夕日に染まるときに行きたい。絶景と呼ばれるタイミングは、大潮の干潮時と日没が重なる日。年に数十日程度しかないが、年間を通して1～4月は比較的多い。宇土市観光情報サイトでは、干潟と日の入りの時間を紹介しており、ウェブサイトを見て行く日をあらかじめ絞って出かけたい。干潮時間の前後1時間が狙い目だ。

 「干潟景勝の地」看板をめざす　アドバイス

　撮影スポットは網田駅の北東、国道57号（天草街道）沿いの市民グラウンドの前に「干潟景勝の地」という看板があり、指示どおりに進んで行くとたどり着く。ただし近くには私有地の撮影スポットがあり、有料の場合もあるので撮影時には注意したい

御輿来海岸の名の由来は、景行天皇があまりの美しさにここで御輿を止められたという言い伝えによる

ココ

鉄道でアクセスしやすい場所 交通

■ 熊本駅から網田駅までJR三角線で約40分

網田駅から御輿来海岸までは徒歩15分。「干潟景勝の地」と呼ばれる撮影スポットまで駅から徒歩30分。車の場合は熊本の市街地から鹿児島街道（国道3号）、天草街道を走って約40分。

熊本市街も併せて観光 モデルプラン

1日目

午前　**熊本駅に到着。日本三名城のひとつ熊本城を見学**
熊本城を見学。熊本城の南西に位置する複合施設の城彩苑で、熊本の歴史を学びながらカフェで休憩。

午後　**御輿来海岸で日没のベストタイミングを待つ** 
鉄道で御輿来海岸へ向かう。干潮時に道が現れる長部田（ながべた）海床路に立ち寄ってもいい。ランチは宇土マリーナで魚料理。海岸散策後は御輿来海岸の撮影スポットへ。夕日が海岸に沈んでいく幻想的な風景を堪能。夜は熊本市街地に戻って馬刺料理。

2日目

午前　**熊本市街地から足を延ばして玉名温泉へ**
鹿児島本線で北へ30分揺られて玉名へ。約1300年前に開湯した由緒ある玉名温泉を巡る。

午後　**昼は熊本ラーメンのルーツといわれる玉名ラーメン**
湯上がり後は濃厚な豚骨スープの玉名ラーメンを食す。

お泊まり情報　宇土駅周辺にいくつかホテルがあるが軒数は少ない。熊本市街のほうが豊富な宿が揃う。

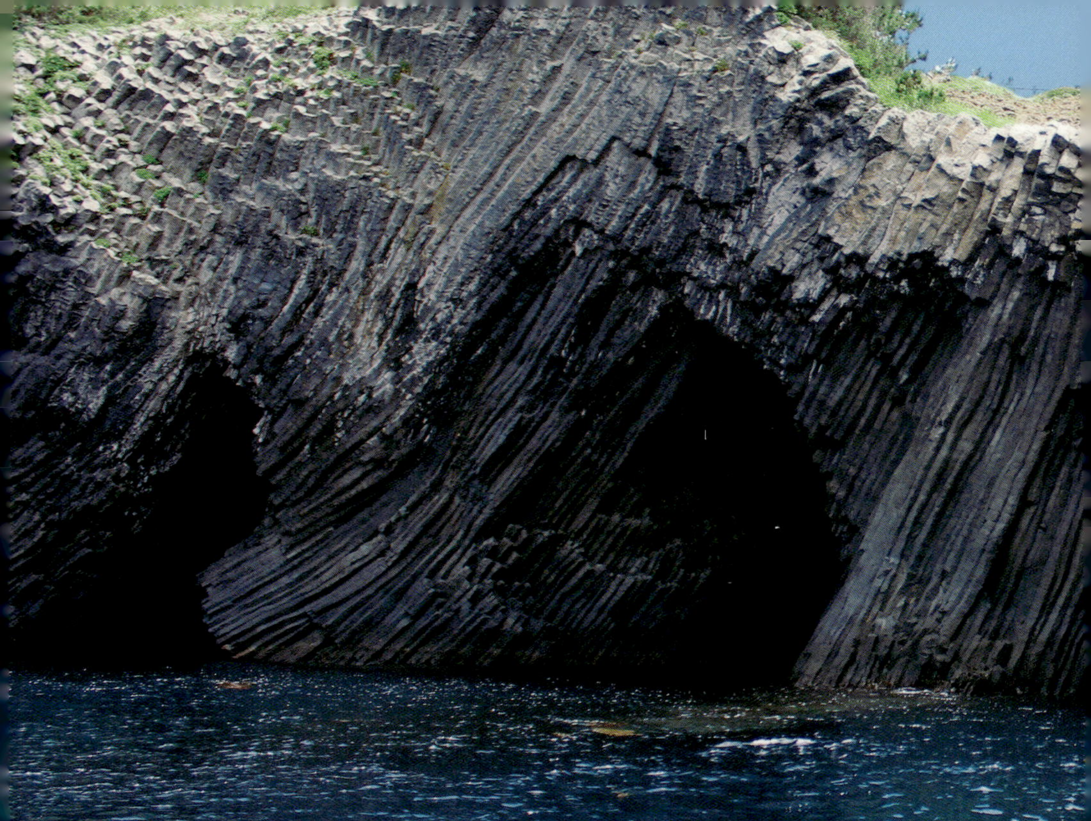

7 六角形の柱が美しい断崖と大穴をうがつ玄界灘の波の力

佐賀

ななつがま
七ツ釜

玄界灘（げんかいなだ）がつくり出した岩のアートに遊覧船で海側からアプローチ

呼子（よぶこ）港の近く、無数の柱を組み合わせたような玄武岩の柱状節理が発達した崖に、かまどのようにあいた洞窟が7つほど並んでいる。荒波で知られる玄界灘の波が、長い年月をかけ浸食して生み出したもので、大きなものは奥行110mにも達する。呼子港から出ている遊覧船「イカ丸」に乗れば、荒々しい岩肌を間近に見ることができる。

最新情報はココでチェック

唐津駅観光案内所　☎0955-72-4963
所 佐賀県唐津市新興町2935-1（唐津駅）

海が穏やかな日を選んで　季節／時間

1	2	3	4	5	6	7	8	9	10	11	12

季節を問わず観光できるが、海が荒れると遊覧船が運休することもある。台風の季節や、海が荒れやすい冬に訪れる場合は、事前に海の状況を確認しておいたほうがよいだろう。

満潮時が内部に入るチャンス　アドバイス

遊覧船は日中いつでも運航しているが、洞窟内に船が入るには十分な水深が必要。崖の上にある散策路を歩いたり、呼子港での食事や観光で時間を調節し、満潮近くの便を選びたい。

マリンパル呼子　☎0120-425-194
営 9:30～16:30 1時間ごとに運航
休 荒天時　料 1500円

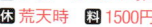

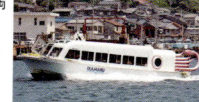

六角形の柱状節理は、溶岩が冷えて固まる際に生じたもの。国の天然記念物にも登録されている

🚗 遊覧船には呼子港で乗船する　交通

■ 唐津駅から呼子港まで車で約30分

バスの場合、唐津駅近くの唐津バスセンターから昭和バスで、呼子バス停まで35分。クルージングは呼子港から七ツ釜まで往復約40分。陸上から見る場合、呼子港から七ツ釜まで車で10分。

✏️ 呼子名物のイカをぜひ　モデルプラン

1日目　午後　唐津の城下町と白砂青松の名勝を満喫

唐津駅に到着したらまずは城下町を散策。唐津城をはじめ、歴史を感じる建物が多く残っている。レンタカーを借りて、美しい松の並木が5kmにわたって続く虹の松原へ向かう。付近にある唐津焼の窯元と合わせて見学。宿泊は唐津の老舗旅館やシービューホテルがおすすめ。

2日目　午前　名物のイカを食べて、遊覧船の出航を待つ

有名な呼子の朝市で、揚がったばかりのイカなど新鮮な魚介に舌つづみ。遊覧船の時刻を確認し、出航までは陸上から七ツ釜を見たり、海中展望船のクルージングを楽しむ。

2日目　午後　断崖にあく洞窟を船上から楽しむ

出航時刻がきたら、遊覧船に乗り七ツ釜へ。

🏨 **お泊まり情報**　唐津は老舗旅館からシティホテルまで選択肢が豊富。呼子港周辺にも料理自慢の旅館がいくつかある。

8 早朝に演じられる海のドラマ
霧と岩が演出する日の出の感激

和歌山

たわらかいがんのうみぎり／はしぐいいわ
田原海岸の海霧／橋杭岩

太陽が昇るときの田原海岸。夜間に冷え込んだ翌朝には霧が出やすい。海面を海霧が漂うさまは幻想的

田原海岸の海霧／橋杭岩

	1	
2		3

1 朝焼けの橋杭岩。夜明けとともに空や海の色が刻々と変化する
2 本州最南端の潮岬へはハイキングがてら歩いて行くこともできる
3 昼の橋杭岩。架橋できるか否かを天邪鬼と賭けをした弘法大師が一晩で立てたという伝説もある

太平洋に臨む小さな街に
海の不思議がつくる見事な光景

　紀伊半島の最南端、潮岬のほど近くに絶景自慢の海岸が2カ所ある。ひとつは田原海岸の海霧だ。12〜1月頃の寒い季節に、山間部の冷えた空気が田原川に沿って下流へと下って海に流れ込み、やがて海水温との差で濃い霧が発生するという。海面にたなびく霧の背後に昇る太陽、霧に浮かぶ岩や釣り船のシルエットがえもいわれぬ美しさだ。

　もうひとつは橋杭岩。田原海岸から海岸沿いをさらに南へ約10km下ると、その先にある紀伊大島に向かって約40の岩が850mほど続く。どの岩も海から屹立するように並び、あたかも橋の杭だけが残ったように見えることからこの名がある。

最新情報はココでチェック

古座観光協会 ☎0735-72-0645
所 和歌山県東牟婁郡串本町西向231-3（古座駅）
串本町観光協会 ☎0735-62-3171
所 和歌山県東牟婁郡串本町串本33（串本駅）

海霧も晴天率も冬が高い　季節／時間

1	2	3	4	5	6	7	8	9	10	11	12

両スポットとも冬は晴れる率が高く、朝焼けの美しい空や海が見られる。放射冷却で冷え込む12〜1月の早朝は田原海岸で海霧が見られる確率が高い。橋杭岩は季節を問わないが冬至の頃の太陽は紀伊大島越しに昇るので水平線からの日の出は見られない。4月下旬〜9月ならホエールウォッチングも楽しい。

早朝の観賞は前泊がベスト　アドバイス

早朝の海霧を見るには前泊をしたほうがゆとりができる。ただし、田原周辺には宿泊施設が少ないので日程が決まったら早めに予約しよう。橋杭岩から潮岬へは7km程度なので時間に余裕があるときは足を延ばし、夕日に燃える潮岬や、海金剛、樫野埼灯台などを散策したい。

絶景アドバイザー

山崎さん（古座観光協会）

田原海岸や橋杭岩は日の出の時間帯がベスト。とくに海霧の発生は冬の早朝ということで、防寒対策を完璧にしてくださいね。いちばんの気象条件としては、"雨→翌日冬型が強まる→翌日冬型が弱まり、朝冷え込む"です。前泊して、見学後は温泉で体を温めて出発するのがおすすめです。

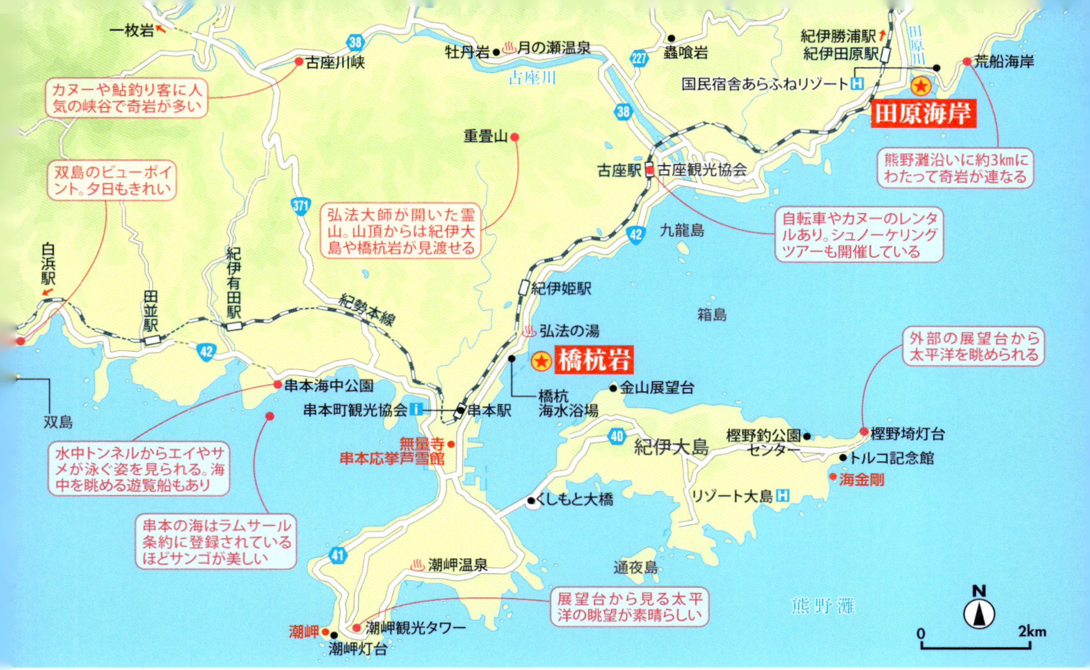

一枚岩
古座川峡
カヌーや鮎釣り客に人気の峡谷で奇岩が多い
牡丹岩
月の瀬温泉
古座川
蟲喰岩
紀伊勝浦駅
紀伊田原駅
田原川
荒船海岸
国民宿舎あらふねリゾート
田原海岸
熊野灘沿いに約3kmにわたって奇岩が連なる
重畳山
双島のビューポイント。夕日もきれい
弘法大師が開いた霊山。山頂からは紀伊大島や橋杭岩が見渡せる
古座駅
古座観光協会
自転車やカヌーのレンタルあり。シュノーケリングツアーも開催している
九龍島
白浜駅
紀伊有田駅
田並駅
紀勢本線
紀伊姫駅
箱島
弘法の湯
橋杭岩
外部の展望台から太平洋を眺められる
串本海中公園
金山展望台
橋杭海水浴場
串本町観光協会
串本駅
双島
無量寺
串本応挙芦雪館
紀伊大島
樫野釣公園センター
樫野埼灯台
トルコ記念館
海金剛
水中トンネルからエイやサメが泳ぐ姿を見られる。海中を眺める遊覧船もあり
くしもと大橋
リゾート大島
串本の海はラムサール条約に登録されているほどサンゴが美しい
潮岬温泉
通夜島
展望台から見る太平洋の眺望が素晴らしい
熊野灘
潮岬
潮岬観光タワー
潮岬灯台
N
0
2km

新宮や紀伊勝浦で駅レンタカー　交通

- **名古屋駅**から**紀伊勝浦駅**まで **JR紀勢本線特急南紀**で**約4時間**
  ➡**紀伊勝浦駅**から**紀伊田原駅**まで **JR紀勢本線**で**約25分**
- **新大阪駅**から**串本駅**まで **JR紀勢本線特急くろしお**で**約3時間15分**

阪和自動車道
南紀田辺IC
新大阪駅
紀伊半島
大塔山
名古屋駅
三重県
熊野川
新宮駅
JR紀勢本線特急南紀で約4時間
南紀白浜空港
和歌山県
紀伊勝浦駅
JR紀勢本線で約25分
紀勢本線
紀伊田原駅
田原海岸
JR紀勢本線特急くろしおで約3時間15分
串本駅
橋杭岩
海金剛
熊野灘
0
15km

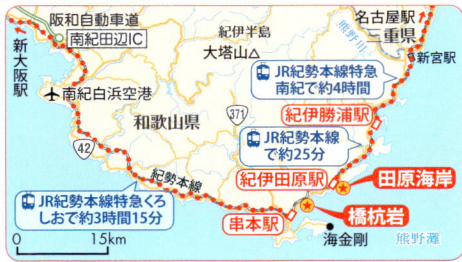

紀伊田原駅から田原海岸まで徒歩で約10分。橋杭岩へは串本駅から熊野交通バスが1時間に1本程度運行で所要4分。徒歩なら約25分。車の場合、名古屋方面は尾鷲北IC、大阪方面は南紀田辺ICからそれぞれ国道42号を下る。いずれも所要約2時間。

お楽しみワンポイント♪

勝浦のマグロ

那智勝浦はマグロの水揚げ高日本一を誇り、駅周辺には寿司屋から居酒屋までマグロ料理を出す店が集まる。

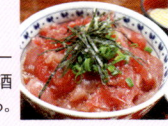

橋杭岩ライトアップ

年により日程が変わるが、毎年11月、文化の日の祝日前後に3～4日間ライトアップが行なわれる。

海霧の観賞に合わせた日程　モデルプラン

1日目　午後

最初に橋杭岩へ。夕日を望む潮岬も必見

紀伊勝浦駅で海鮮丼をいただく。熊野灘を車窓から眺めつつ昼過ぎに橋杭岩に到着。海金剛や潮岬を見学。潮岬では落日を観賞。紀伊田原駅近辺の宿に宿泊。

2日目　午前

田原海岸で移ろいゆく海霧の変化に感動

早朝に田原海岸へ行き、海霧を時間をかけて観賞する。宿を出たら無量寺・串本応挙芦雪館を訪れる。

2日目　午後

午後は日帰り温泉浴で疲れを癒す

紀伊勝浦駅で下車。海の見える温泉宿で日帰り温泉にゆっくり浸かり、南紀の海に別れを告げる。帰途へ。

立ち寄りスポット

荒波が豪快に巨岩に押し寄せる

海金剛　うみこんごう

串本駅から車で約20分

断崖が続く紀伊大島のなかでもひと際大きな断崖、巨岩が集まる。先端が鋭いピラミッド形の岩もある。

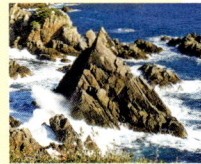

円山応挙、長沢芦雪に縁ある寺に建つ美術館

無量寺・串本応挙芦雪館　むりょうじ・くしもとおうきょろせつかん

串本駅から徒歩約10分

1707（宝永4）年の宝永地震による大津波で全壊し、79年後に現在の地に本堂が再建された。円山応挙や高弟の長沢芦雪の絵画が残る。

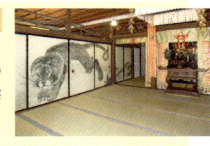

お泊まり情報　海霧を見るには前泊がベスト。海岸近くにある国民宿舎がいちばん便利。

9 沖縄古来の自然がつくり出した青と白のコントラストに魅せられる

たけとみじまのコンドイビーチ　　　　　　　　　　沖縄
竹富島のコンドイビーチ

干潮時には中州のような砂浜が沖に現れ、歩いて渡ることができる。西を向けば遠くに西表島や小浜島も見える

竹富島のコンドイビーチ

1 水牛車に乗って、ゆったり流れる島の時間に身を任せる
2 重要伝統的建造物群保存地区にも選ばれた竹富島の家並は、なごみの塔から見渡せる
3 登録有形文化財に指定されている、西桟橋

エメラルドグリーンの海と
どこまでも続く真っ白な砂浜

　赤瓦屋根の家屋や石垣など、沖縄の原風景が残る竹富島の西部に位置するビーチ。沖縄のなかでも透明度の高さは群を抜く。潮の満ち引きや光の具合によって色が大きく変わり、澄み切ったブルーはずっと眺めていても飽きることがない。海は遠浅でほとんど波がなく、のんびりと海水浴を楽しむには最適。水遊びを楽しむ家族連れの姿も多く、4～9月の間は、パラソルや浮輪などのレンタルと軽食の販売を行なう売店もみられる。ビーチの周辺には、美しい夕日が望める西桟橋や、星砂が有名なカイジ浜もあるので立ち寄ってみたい。満天の星空が広がる夜のビーチも絶景。

最新情報はココでチェック

竹富町観光協会　0980-82-5445
竹富島ゆがふ館　0980-85-2488
所　沖縄県八重山郡竹富町竹富

太陽と海が輝く夏に泳ぐ　　季節／時間

1	2	3	4	5	6	7	8	9	10	11	12

海水浴は7～9月がいちばん良い。ただし、同時に台風が多い時季でもあるので、天気には注意が必要。台風の去ったあとも2～3日は海が濁っていることが多い。5月下旬～6月下旬の梅雨の時季は観光客が少なくツアーも安いので狙い目。

花の見ごろ　ブーゲンビリア　11～12月
ゲットウ　4～5月　キョウチクトウ　4～5月

日焼け対策は万全に　　アドバイス

一年を通して日差しが強いので、日焼けや熱中症には注意。薄手の長袖シャツや帽子を着用し、日焼け止めクリームも必ず持参。海や山のレジャーは当日の気象情報に気をつけておくこと。ハブやクラゲなどには注意しよう。

仲里さん(竹富島交通)

絶景アドバイザー

なごみの塔からは美しい竹富島の街並が一望できます。また、島に宿泊しないと見ることができない西桟橋の夕日はまさに絶景。夜は月と星の明かりに照らされた風情ある集落で、のんびり過ごすのも素敵です。

🚗 レンタサイクルで島巡り　　交通

■ **石垣港離島ターミナル**から**竹富東港**まで高速船で約10分

竹富東港からコンドイビーチまで巡回バスで約10分。島内の移動はレンタサイクルが便利で、島の中央部に借りられる店が数軒ある。竹富島の風景をじっくり観賞するには水牛車がおすすめ。貸自転車、水牛車ともに各店港からの送迎も行なっている。

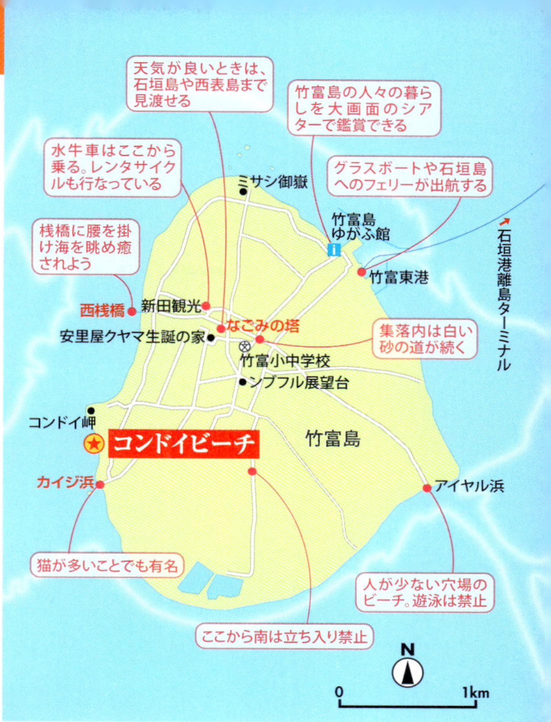

✏️ 沖縄の自然を堪能できる　　モデルプラン

1日目

午前　コンドイビーチで海水浴
まずはコンドイビーチに向かう。遠浅の海で泳いだり、記念撮影をする。ただぼんやりするのもいい。

午後　夕日スポット、西桟橋へ
昼食のあとは島内をサイクリング。カイジ浜、なごみの塔に立ち寄る。夕方は西桟橋を訪れたい。西表(いりおもて)島に沈んでいく夕日を眺める。

2日目

午前　360種を超えるサンゴが生息する海を見る
竹富東港から出ているグラスボートに乗船。日本国内最大のサンゴ礁の海域、石西礁湖(せきせいしょうこ)やさまざまな熱帯魚を観察。

午後　水牛車で島内を巡る
島を離れる前に、水牛車に乗ろう。時間をかけてまわってくれるので、島の名所や街並を堪能できる。帰路の途中で石垣島の観光も楽しみたい。

お楽しみワンポイント♪

✳️ 水牛車 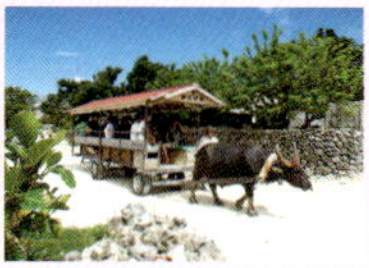
島内観光のハイライトのひとつ。沖縄古来の街並を三味線の実演付でガイドしてくれる。

✳️ グラスボート 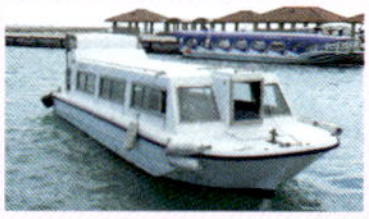
船内から見える熱帯魚などは、季節や天候、潮の満ち引きなどによって変化する。

🍜 八重山そば 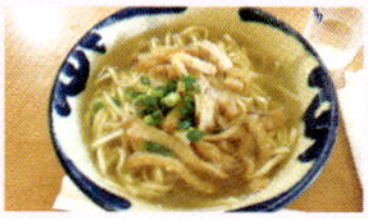
八重山地域の名物料理。麺の細さや断面が丸いこと、スープに甘みがあることなどが特徴。

竹富島の地図

- 天気が良いときは、石垣島や西表島まで見渡せる
- 竹富島の人々の暮らしを大画面のシアターで鑑賞できる
- 水牛車はここから乗る。レンタサイクルも行なっている
- グラスボートや石垣島へのフェリーが出航する
- 桟橋に腰を掛け海を眺め癒されよう
- 集落内は白い砂の道が続く
- 猫が多いことでも有名
- 人が少ない穴場のビーチ。遊泳は禁止
- ここから南は立ち入り禁止

主な地点: ミサシ御嶽、竹富島ゆがふ館、竹富東港、西桟橋、新田観光、なごみの塔、安里屋クヤマ生誕の家、竹富小中学校、ンブフル展望台、コンドイ岬、★コンドイビーチ、カイジ浜、アイヤル浜、石垣港離島ターミナル

👟 立ち寄りスポット

赤瓦屋根の街並を一望できる
なごみの塔　なごみのとう
竹富東港から徒歩約25分

島の中央にある高さ4.5mの塔。上まで登ると竹富島が一望できる。階段が急なので足元に気をつけよう。

海に沈む夕日と赤く染まる空のコントラスト
西桟橋　にしさんばし
竹富東港から徒歩約20分

島でいちばんのサンセットスポット。夕日を見に観光客が集まる。CMや観光ポスターに採用されるなど全国的にも有名な場所。

コンドイビーチの隣にある、星砂の浜
カイジ浜　カイジはま
竹富東港から徒歩約50分

木陰があるので海辺でのんびり過ごすにはおすすめの場所で、星砂が採れることでも有名。潮の流れがあるので泳ぐ場合は注意したい。

🏠 **お泊まり情報**　島の中央部にある民宿が中心。東部には数軒リゾートホテルもある。

10 きらめく海と星空が待つ 日本最南端の楽園

はてるまじまのニシはま　　　　　　　　沖縄

波照間島のニシ浜

遠浅の青く輝く海と白い砂浜が 美しいグラデーションを描く

　石垣島の南西約63kmのところにある日本最南端の有人島。この島の魅力はなんといっても波照間ブルーと呼ばれる鮮やかな海の色だ。やわらかく白い砂は海の透明度を際立たせ、海面からサンゴが見渡せるほど。人工の明かりが少ないため、夕日や星の輝きも素晴らしい。ちなみに、ニシ浜の「ニシ」は沖縄の方言で「北」という意味。波照間島の北にある、遊泳が唯一可能なビーチだ。

最新情報はココでチェック
竹富町観光協会　0980-82-5445

梅雨明けがおすすめ　　　　季節／時間

| 1 | 2 | 3 | 4 | 5 | 6 | 7 | 8 | 9 | 10 | 11 | 12 |

海水浴に適した時季はだいたい4〜10月。おすすめは5月中旬〜6月中旬頃の梅雨後から台風シーズン前の7月。梅雨明け直後の1週間はカーチバイという強い南風が吹き、波照間島行の便に欠航が増えるので注意。

シュノーケリングは干潮時に　アドバイス

干潮時はリーフ沿いでサンゴと熱帯魚に出会えるので初心者でもシュノーケリングが楽しめる。沖は潮流が速く、水深も深くなるので控えよう。満潮時はリーフ沿いまで深くなっている部分もあるので注意。潮位を事前に調べておくとよい。

真っ青な海の中に潜ると、白い砂を背景に、カラフルな魚とサンゴ礁が目に飛び込んでくる

🚗 レンタサイクルで身軽に移動　　交通

■ 石垣港離島ターミナルから波照間港まで高速船で約1時間

石垣港離島ターミナル
→ 高速船で約1時間
波照間港
ニシ浜
名石集落
沖縄県 波照間島
星空観測タワー
波照間空港
高那崎
ペムチ浜（遊泳禁止）
日本最南端の碑

波照間港から1kmほど離れた島の中心（名石集落）まで自転車で約6分。自転車で十分の広さだが、坂道が多いのでレンタバイクかレンタカーでもいい。路線バスとタクシーはない。

📝 夜は満天の星空にうっとり　　モデルプラン

1日目

午前　**石垣空港からバスで石垣港離島ターミナルへ**
高速船の出発時刻はネットでこまめにチェックしよう。

午後　**ゆったりビーチで過ごしたあとは、星空でしめくくる**
民宿で自転車をレンタルし、ニシ浜へ向かおう。すぐそばにはトイレとシャワー、更衣室があるので安心。夜は宿から自転車に乗って星空観測タワーへ。屋上から望遠鏡でたくさんの星を眺められる。

2日目

午前　**島の見どころへ気ままにサイクリング**
ニシ浜の反対側にある高那崎では、迫力ある波を断崖絶壁から眺められる。付近にある日本最南端の碑の前で記念撮影も忘れずに。

午後　**おみやげには幻の泡盛「泡波」を手に入れたい！**
波照間島でのみ造られる「泡波」は本州ではプレミア価格。

🛏 **お泊まり情報**　ホテルやリゾート施設はなく、島の中心の集落に民宿が数軒集まる。

波照間島のニシ浜

11 | ケラマブルーの海に広がる島々をアイランドホッピング!

けらましょとう　　　　　　　　　　　　　　　　　　沖縄
慶良間諸島

写真右上の大きな島が阿嘉島(あかじま)。その下は嘉比島(がひじま)。左中央が安慶名敷島(あげなしくじま)

慶良間諸島 39

[1] 透明度が高く、さまざまな魚やサンゴが見られる座間味村はダイバーにとっても憧れの地
[2] 渡嘉敷島にある阿波連(あはれん)ビーチ。美しい弧を描く広い浜だ
[3] ホエールウォッチングでは体長15m近くまで成長するザトウクジラの様子を見ることができる

サンゴ礁が広がる海と緑の島々
動物たちのパラダイスを訪れる

　沖縄本島から40kmほど西側に広がる群島で、渡嘉敷島(とかしきじま)、座間味島(ざまみじま)、阿嘉島、慶留間島(げるまじま)を中心に約20の島々から構成されている。熱帯特有の木々に包まれた島々、陸地の沈降による独特の地形、多様なサンゴ礁が広がる青い海…、これらが一体となった景観美は国内でも指折りの美しさだ。動物相も豊かで、海を泳いで島を渡ることで知られる野生のケラマジカが生息するほか、ウミガメの産卵地やザトウクジラの繁殖地としても有名。こうした環境が評価され、2014年3月に慶良間諸島は国立公園に指定された。ダイビングやシュノーケリングなどでケラマブルーの海を楽しみたい。

最新情報はココでチェック

座間味村観光協会 座間味案内所 ☎098-987-2277
所 沖縄県島尻郡座間味村座間味1-1

渡嘉敷村旅の案内人 ☎098-987-3122
所 沖縄県島尻郡渡嘉敷村渡嘉敷港旅客待合所

季節ごとに楽しみがある　季節／時間

| 1 | 2 | 3 | 4 | 5 | 6 | 7 | 8 | 9 | 10 | 11 | 12 |

海で泳ぐなら4月下旬～10月上旬がいいが、4月の海は水着だけではまだ冷たい。旅行者が多く賑わうのはゴールデンウィークやお盆の前後。7～8月は日差しが強く、海の青さや緑の濃さが増し南国らしい景観が広がる。ホエールウォッチングは12月下旬～4月上旬、海の透明度がとくに高いのは11～1月頃だ。

満天の星空観察もお忘れなく！　アドバイス

見どころが多く、ホエールウォッチングのように期間限定であったり、予約が必要なアクティビティもあるので、事前に計画をしっかり立てておきたい。天候によりフェリーなどに欠航が出る場合も想定して、現地では柔軟に対応できるように準備するとよい。日差しは強いので、紫外線や熱中症対策は万全に。

絶景アドバイザー

女瀬の崎(うなじのさち)展望台から眺める真夏の夕日がおすすめです。日が暮れる1時間前から刻々と変わる空のグラデーションが素晴らしいです。日没後に広がる星空も自慢ですが、街灯はないので懐中電灯をお忘れなく。

渡邉さん(座間味村観光協会)

地図

- 那覇泊港
- 座間味島
- 標高約130mに位置する展望台
- 女瀬の崎展望台
- 高月山展望台
- 座間味村観光協会 座間味案内所
- 阿真ビーチ
- マリリンの像
- 座間味港
- 嘉比島
- 古座間味ビーチ
- 島のメインビーチで、シュノーケリングにぴったり
- 屋嘉比島
- 阿嘉島
- 安慶名敷島
- 安室島
- 儀志布島
- 西展望台
- 渡嘉敷村旅の案内人
- 渡嘉敷島
- 渡嘉敷港
- 城島
- 阿嘉島から座間味島まで泳いで渡った雄犬シロ。映画『マリリンに逢いたい』で有名に
- 北浜ビーチ
- 読み方は「ニシバマ」。サンゴが美しいことで知られる
- 港の見える丘展望台
- シロの像
- 阿嘉港
- 阿嘉大橋
- 天城展望台
- トカシクビーチ
- 慶良間諸島
- 久場島
- 高良家
- 慶留間島
- 慶留間橋
- 周辺に民宿も多く、海水浴に人気のスポット
- 琉球王朝末期に建てられた旧家で、船頭主家と呼ばれる
- 外地展望台
- 慶良間空港
- 阿波連ビーチ
- 外地島
- 離島
- 阿波連港
- 那覇泊港
- 奥武島
- ウン島
- N 0 3km

🚗 那覇から高速船の利用が便利　交通

- ■ 那覇泊港から座間味港または阿嘉港まで高速船で約50分
- ■ 那覇泊港から渡嘉敷港まで高速船で約35分

0 30km

伊是名島／伊江島／粟国島／沖縄県／58／沖縄自動車道／331／沖縄本島／久米島／那覇泊港／慶良間諸島／高速船で約50分／高速船で約35分

那覇からは高速船のほかにフェリーも1日1～2便運航。座間味島へは阿嘉島経由で所要2時間。渡嘉敷島へは所要1時間10分。また、座間味島と阿嘉島の間は村内航路「みつしま」で結ばれ、一部が渡嘉敷島(阿波連港)まで運航している。

お楽しみワンポイント♪

スキューバダイビング

ウミガメが泳いでいる姿を間近に見られることもある。慶良間諸島では、上級者から体験ダイビングまで多くのツアーが用意されているので要チェック。

📖 島々を周遊するプラン　モデルプラン

1日目

午前　慶良間諸島へのアクセス起点は那覇の泊港
那覇空港から泊港に移動する。

午後　最初の訪問地は座間味島
高速船「クイーンざまみ」で座間味島をめざす。到着後まず宿にチェックイン。その後、高月山展望台から慶良間の海を一望したい。映画『マリリンに逢いたい』で有名になったマリリンの像で記念撮影。

2日目

午前　ケラマブルーの海をさまざまに満喫
シーカヤックやシュノーケリングで海を満喫。もちろんダイビングもおすすめだ。シーズン中であれば、ホエールウォッチングに参加するのもよい。

午後　みつしま村内航路で阿嘉島へ渡る
シロの像で記念撮影。阿嘉島泊。

3日目

午前　野生のケラマジカに会えるかは運次第
朝、宿周辺を散策。ケラマジカに会えたらラッキーだ！ その後、天城展望台や慶留間島の高良家を見学。

午後　ケラマ航路で渡嘉敷島へ渡る
阿嘉島から渡嘉敷島(阿波連港)へ移動。20分の船旅。

4日目

午前　渡嘉敷島では、海も山も魅力的
阿波連ビーチやトカシクビーチで水遊び。標高200mを超える山がひかえる渡嘉敷島では、展望台を巡るのもおすすめ。

午後　慶良間諸島の旅も終わり那覇へ
渡嘉敷島からフェリーで那覇へ戻る。

お泊まり情報　渡嘉敷島、座間味島、阿嘉島とも数多くの民宿、ペンションがある。

12 限られた条件でしか現れない ユリの花のように美しい砂浜

鹿児島

与論島の百合ヶ浜
よろんじまのゆりがはま

**透き通るような海水と白く輝く砂浜を
プライベートビーチ感覚で満喫**

　大金久海岸から約1.5km沖に、春から秋にかけての大潮の干潮時にのみ出現する砂浜。形や大きさは、波や風の影響で出現するたびに異なる。与論島はリーフに囲まれているため、海は「ヨロンブルー」と讃えられる青色をしているが、そのなかに出現する砂浜の美しさは言葉にできないほど。浜の周辺ではシュノーケリングも楽しめる。

最新情報はココでチェック
ヨロン島観光協会　0997-97-5151
所 鹿児島県大島郡与論町茶花32-1

出現予想日をまずチェック　季節／時間

| 1 | 2 | 3 | 4 | 5 | 6 | 7 | 8 | 9 | 10 | 11 | 12 |

百合ヶ浜の出現日（予想）は観光協会ウェブサイトで確認できるが、天候や海況により予想と異なることもあるので注意。年間平均気温は22.8℃で、海で泳げるのは4〜10月頃。

日差し対策を忘れずに　アドバイス

百合ヶ浜では、年齢の数だけ拾うと幸せになれるという「星砂」探しが楽しい。採取用にビニール袋を用意しておこう。夏場はサングラス、日焼け止め、虫よけ薬などは必須。また、遊泳禁止場所では絶対泳がないこと。

砂が集まる(寄る)からヨリハマ。そこに現れた砂浜の美しさをユリの花にたとえ、百合ヶ浜と呼ばれるようになった、といわれている

🚗 鹿児島、那覇からアクセス可　　交通

■ 鹿児島空港から与論空港まで飛行機で約1時間20分
■ 那覇空港から与論空港まで飛行機で約40分

- 鹿児島
- 鹿児島空港
- ✈ 飛行機で約1時間20分
- アイギ浜
- 皆田海岸
- ウドノスビーチ
- **百合ヶ浜**
- ヨロン島観光協会
- 鹿児島県
- 与論町
- 大金久海岸
- 与論空港
- サザンクロスセンター
- 与論港
- 沖縄 ↓
- ✈ 飛行機で約40分
- 那覇空港
- 0　2km

那覇や鹿児島からフェリーも就航。島内では路線バス(1日10便)やタクシー(2社)のほか、レンタカーも利用できる。

✏️ 島内でのんびり滞在　　モデルプラン

1日目 午後　与論空港に到着し宿へ移動 
宿から近くのウドノスビーチで海水浴を楽しむ。夕食前には、地酒「島有泉」で与論献奉を体験。

2日目 午前　グラスボートに乗って百合ヶ浜へ 
グラスボートからはウミガメが見えることも。百合ヶ浜では、水辺で遊んだり、写真撮影をする。

2日目 午後　ドライブやオプショナルツアーなどで島を満喫
レンタカーで美しい海岸や展望スポットを巡る。島の歴史を紹介するサザンクロスセンターなどもおすすめ。各地で催されているオプショナルツアーに参加するのもいい。宿の人に相談してみよう。

3日目 午前　お昼頃の飛行機で離島
レンタカーを返却し、飛行機で沖縄へ。

🏨 **お泊まり情報**　ホテルや民宿は、ウドノスビーチに近い茶花地区をはじめ島内に点在している。

与論島の百合ヶ浜

13 日本の屋根を貫く長大なルート
気軽に行ける雲上パノラマ世界

たてやまくろべアルペンルート

富山／長野

立山黒部アルペンルート

ルートの最高所である室堂の代表的な風景、みくりが池。雪解け水をたたえ、湖面に立山の雄姿を映し込む

立山黒部アルペンルート

いくつもの交通機関を乗り継いで
標高約2500mの山岳地帯を観光する

　前人未到の険しい山岳地帯だった立山に、山岳観光ルートが全線開通したのは1971(昭和46)年。水力発電所建設を機に開発された。富山県立山町と長野県大町市を結び、北アルプスを横断するルートで、トロリーバスやケーブルカーなどの乗物がつないでいる。すべての乗物を利用すれば、徒歩移動は黒部ダムから黒部湖までの約15分のみで標高約2500mの山岳地に降り立つことができる。標高差約2000mのルート上には、壮大な山岳パノラマや美しい湖沼、湿原、原生林、高山植物、ダムといった豊富な自然景観が広がる。標高2450mの室堂平には日本最高所の温泉が湧く。室堂や弥陀ヶ原で一夜を過ごせば、雲海に沈む夕日や満天の星が輝く雲上の別世界に浸れる。

ℹ 最新情報はココでチェック

立山黒部貫光株式会社 営業推進部　☎076-432-2819
立山自然保護センター　☎076-463-5401
所 富山県中新川郡立山町芦峅寺 (室堂平)
くろよん総合予約センター (扇沢駅～黒部ダム間)　☎0261-22-0804
※室堂ターミナル内にも観光案内所あり

🍀 高山植物は7月がピーク　季節／時間

| 1 | 2 | 3 | 4 | 5 | 6 | 7 | 8 | 9 | 10 | 11 | 12 |

室堂周辺の雪の大谷(➡P.48)は例年4月中旬～6月上旬頃。新緑は5月で、高山植物が咲くのは6月下旬～7月頃だ。6月26日～10月15日には黒部ダムの豪快な観光放水も見られ、7～8月が最も賑わう。紅葉は標高で異なるが9月下旬～10月。12月～4月中旬頃までは乗物の運行が止まるので入山できない。

花の見ごろ　ミズバショウ 6月　チングルマ 6～8月
コバイケイソウ 7～8月　ニッコウキスゲ 7～8月
ワタスゲ 8月　ウメバチソウ 8～9月

⚠ 高地に適した服装で訪れよう　アドバイス

室堂へは短時間で一気に約2500mの高地へ行けるので、ゆっくり歩く、水分補給するなどの高山病対策が必要。平地よりも12～13℃低く、天気の急変に備え雨具・防寒具は必携だ。天然記念物の雷鳥は静かに見守り、高山植物の採取はもちろん禁止。

絶景アドバイザー

大塚さん(立山自然保護センター)

立山は天気に恵まれれば3000m級の山のパノラマが広がる絶景の地です。室堂周辺の宿に泊まれば、雲海に沈みゆく夕日や満天の星、天の川など、生涯忘れられない景色に巡り会えるかもしれません！室堂の散策前には、ぜひ立山自然保護センターへ。きっと役立つ情報が手に入ります。

	1	
2	4	5
3		6

1 立山ロープウェイから見る空中大パノラマは圧巻のひとこと
2 鮮やかな紅葉が美しい雷鳥沢
3 4月のルート開通後には、近くを歩いて見学できる雪の大谷
4 夏には黒部ダムのダイナミックな放水シーンが見られる
5 弥陀ヶ原の湿原には餓鬼の田といわれる池塘が点在する
6 室堂平の散策コースは6～7月になれば高山植物の宝庫に

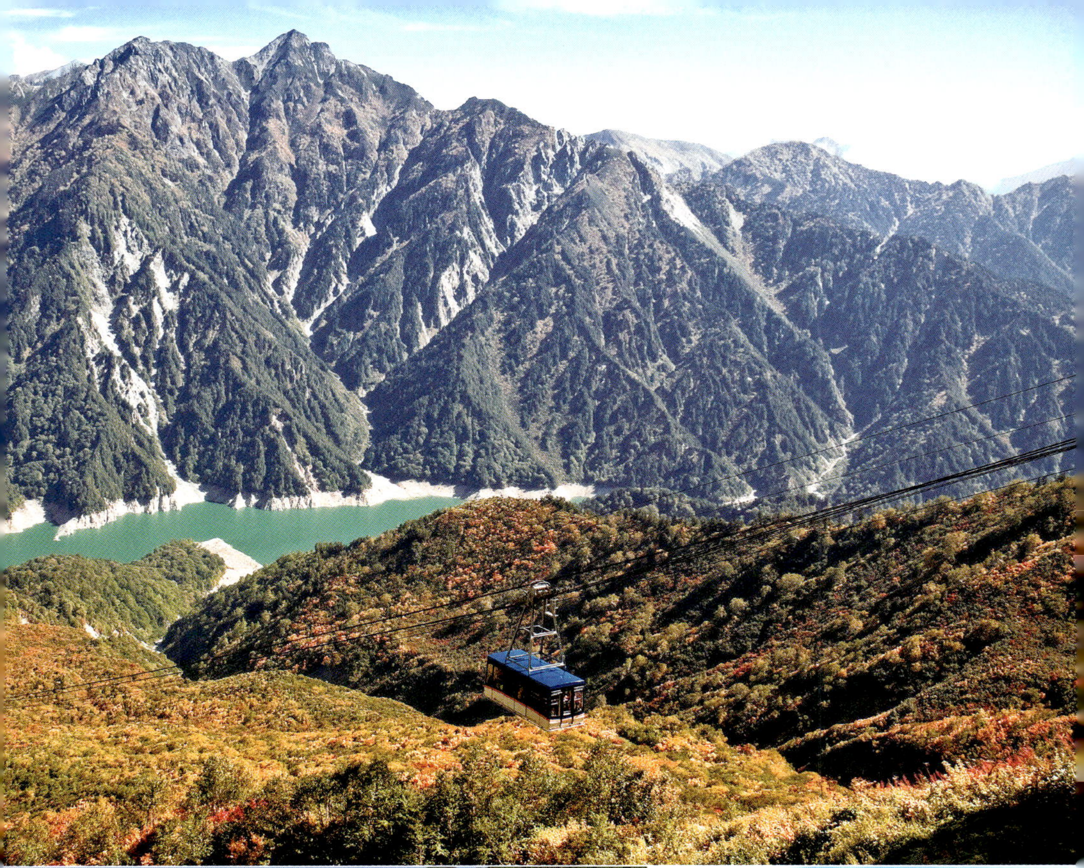
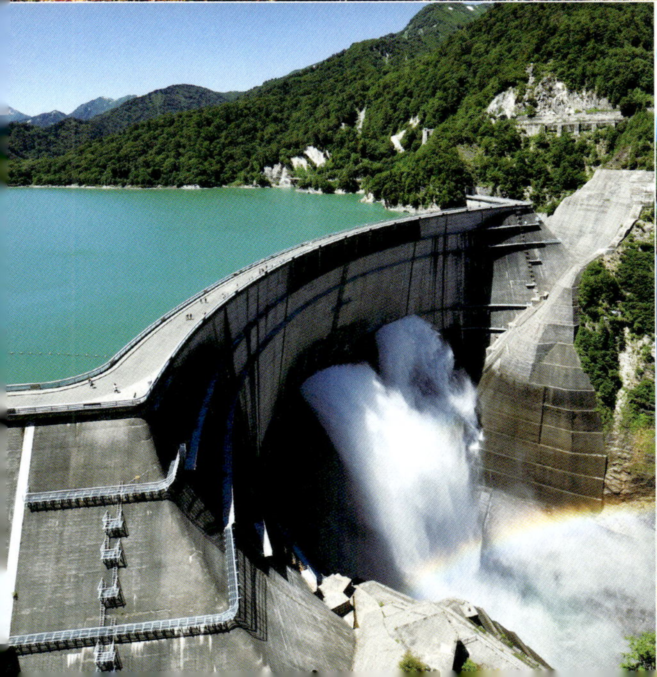
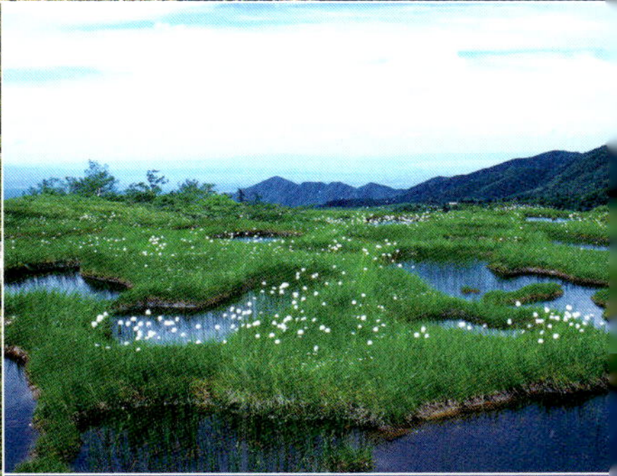
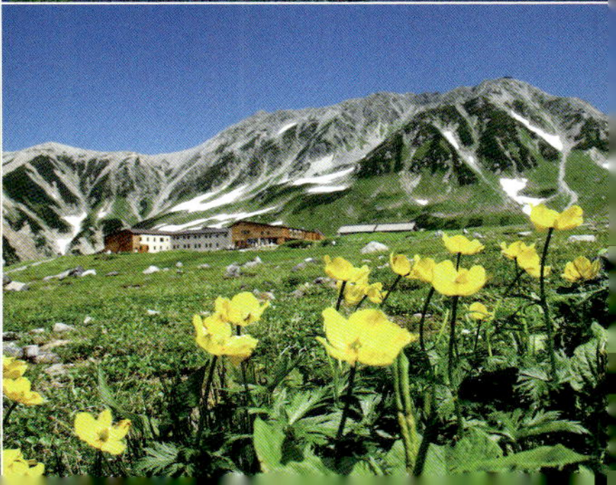

立山駅または信濃大町駅から　交通

■ 電鉄富山駅から立山駅まで富山地方鉄道立山線で約1時間
■ 松本駅から信濃大町駅までJR大糸線で約1時間 ➡ 信濃大町駅から扇沢駅まで北アルプス交通バス／アルピコ交通バスで約40分

車で行く場合は、立山駅か扇沢駅の駐車場に停め、ルート内の交通機関を利用する。アルペンルートを通り抜ける場合は、車の回送サービスを利用する。長野駅〜扇沢駅を往復するアルピコ交通の特急バスも利用できる（1日4本）。

関電トンネルトロリーバス（扇沢駅⇨黒部ダム）
営 7:30〜17:00 約30分間隔　休 12/1〜4/15　料 1540円

黒部ケーブルカー（黒部湖駅⇨黒部平駅）
営 8:30〜17:00 約20分間隔　休 12/1〜4/15　料 860円

立山ロープウェイ（黒部平駅⇨大観峰駅）
営 8:50〜17:10 約20分間隔　休 12/1〜4/15　料 1300円

立山トンネルトロリーバス（大観峰⇨室堂ターミナル）
営 9:15〜17:20 約30分間隔　休 12/1〜4/15　料 2160円

立山高原バス（室堂ターミナル⇨弥陀ヶ原⇨美女平）
営 8:00〜17:05 約20〜40分間隔　休 12/1〜4/9
料 1710円（弥陀ヶ原まで810円）

立山ケーブルカー（美女平⇨立山駅）
営 7:20〜18:05 約20分間隔　休 12/1〜4/9　料 720円

連絡先　☎076-432-2819（立山黒部貫光）　※関電トンネルトロリーバスのみ☎0261-22-0804（くろよん総合予約センター）
※営業時間は季節により変更することがあるので事前に時刻表でご確認ください

多彩な乗物で楽々登山　モデルプラン

1日目 午前　長野側から黒部ダムへ
長野側扇沢駅に昼前頃に到着。トロリーバスで黒部ダムへ。昼食は名物の黒部ダムカレーを味わう。

1日目 午後　巨大ダムと後立山連峰の眺望
巨大な黒部ダムと黒部湖を見学後、ケーブルカーで黒部平、ロープウェイで大観峰へ。雲上テラスで後立山連峰を眺め、トロリーバスで室堂着。室堂泊。満天の星を満喫。

2日目 午前　みくりが池周辺や弥陀ヶ原など自然満喫ハイキング
立山三山を眺めつつ、みくりが池や血の池などが点在する散策コースを1時間ほど歩く。バスで弥陀ヶ原へ。高山植物の咲く湿原の木道を2時間ほど散策して昼食をとる。

2日目 午後　ルート終着駅の立山へ
バスで美女平、ケーブルカーで立山駅に到着。余力があればバスで称名滝まで足を延ばそう。

お楽しみワンポイント♪

黒部湖遊覧船ガルベ
日本で最も高い場所を航行する遊覧船で、一周約30分。黒部峡谷や立山三山の景色を満喫。
営 1日9〜12便　休 11月11日〜5月31日　料 1080円

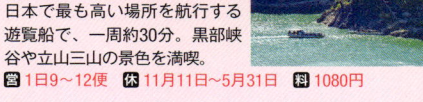

雪の大谷
4月の開通から6月上旬まで、室堂近くの沿道にそびえる雪の壁。多い年には高さが20mに迫る。

ご来光ツアー
ホテル立山では眺めの良い大観峰から朝日を見るバスツアーを開催。要予約、有料。

- ブナ平から弘法までの散策路は平坦で歩きやすい。称名滝のビュースポットあり
- 急峻な壁が約8kmにわたって続く
- 夏から秋に高山植物が咲く弥陀ヶ原の湿原散策ルート。一周40分〜1時間20分
- 餓鬼の田と呼ばれる池塘が点在する湿原エリア
- ブナが広がる美女平の遊歩道はバードウォッチングの名所
- 屋上展望台から立山山麓や富山平野を望む。近くに美女平の名の由来となった伝説の美女杉がそびえる
- 称名滝を遠くに見ることができる
- 弘法から弥陀ヶ原までの木道のルート。紅葉シーズンはとくに美しい
- 松尾峠の展望台をめざしてぐるっとまわるルート
- 立山カルデラを一望できる。片道約20分

パノラマ高原ビュー

室堂でトレッキングに挑戦!!

室堂平周辺にはおもに3つのトレッキングコースが設定されており、最も手軽でポピュラーなのがみくりが池周回コース。室堂のシンボルのみくりが池やみどりが池、血の池、日本最古の山小屋の立山室堂などを巡る。起伏の少ない約1時間のコースだ。地獄谷周回コースは火山ガス発生のため、歩けるのはりんどう池のある北側ルートのみ。雷鳥沢から見る立山は壮観だが、風向きによっては北側ルートも注意が必要。天狗平水平道コースは、同様の理由で地獄谷方面の一部ルートが進入禁止。

1. みくりが池は透明度が高い
2. 9月下旬〜10月上旬は雷鳥沢の紅葉の季節。山肌が多彩な色に染まる
3. 室堂平で見かける雷鳥は国の特別天然記念物に指定されている

立ち寄りスポット

日本一の滝の大迫力
称名滝 しょうみょうだき

立山駅から称名滝探勝バスで約15分、称名滝バス停から徒歩約30分

350mの落差は日本一。水しぶきを上げる勇壮な景色を楽しめる。すぐ隣の雪解けの季節だけ現れるハンノキ滝と合流する姿は壮観だ。

室堂平近くで感動のパノラマ風景に出会う
室堂山展望台 むろどうやまてんぼうだい

室堂から徒歩で往復約2時間30分

室堂山へ向かう登山道を1時間ほど歩くと展望台がある。立山カルデラや五色ケ原が広がる雄大な風景を一望のもとにできる。タイミングが合えば幻想的な雲海も見られる。

立山黒部アルペンルート

お泊まり情報　室堂は相部屋か個室を選ぶ山荘タイプが中心で、温泉付は2軒。リゾートホテルもある。

立山黒部アルペンルート　49

14 烏帽子岳の中腹に広がる草原と池のワイドビュー

あそのくさせんりがはま 熊本
阿蘇の草千里ヶ浜

ココ

現在、草千里ヶ浜を含む阿蘇地域一帯の世界文化遺産登録に向けて活動が行なわれている

阿蘇の草千里ヶ浜

1 小さいながらもれっきとした火山である米塚
2 市道狩尾幹線は、ラピュタの道と呼ばれる人気の道だが、地元の畜産農家の方が仕事で使う狭い道。邪魔にならないよう気をつけたい
3 活火山である中岳の火口見学は車かロープウェイでアクセスする

阿蘇の火山が生み出した雲の上に広がる大草原

　阿蘇五岳のひとつ、烏帽子岳の北側斜面にある火口跡に直径約1kmの草原が広がる。中央には雨水が降り注いでできた2つの大きな池があり、この地の牧歌的で雄大な風景は、古来多くの歌人によって詠まれてきた。草千里展望所からは、見渡す限りの草原を望むことができ、北に阿蘇谷の田園風景、東に中岳、西に熊本平野と360度の眺望が開ける。晴天時には、有明海と雲仙普賢岳まで一望できるという。阿蘇ではパラグライダーや熱気球など広大な自然を楽しむアクティビティも盛んで、3～11月にはホーストレッキングで草原を一周することが可能。冬になると美しい樹氷が現れ、氷の張った池は天然のスケートリンクとなる。

最新情報はココでチェック
阿蘇インフォメーションセンター
0967-32-1960　熊本県阿蘇市小里781

新緑の季節に訪れたい　季節／時間

1	2	3	4	5	6	7	8	9	10	11	12

花や景観を楽しむのであれば、草原の緑が映える4月下旬～6月上旬がよい。ミヤマキリシマで有名な仙酔峡や阿蘇山上のつつじ祭りなど、各地で花祭りが開催される。

花の見ごろ　ツツジ 4月下旬～5月下旬　バラ 5月上旬～6月上旬
スズラン 5月中旬～下旬　ミヤマキリシマ 5月中旬～下旬(仙酔峡)

朝晩の気温差に気をつけよう　アドバイス

阿蘇山は高地のため、避暑地としても知られている。朝晩の気温差が激しいので調整できる服装の準備を。自然保護の観点から、ペットの持ち込みや草スキーは禁止されている。また、雨季以外の季節は草千里ヶ浜の池が渇水になっていることもある。

絶景アドバイザー

雨上がりの池に映し出される烏帽子岳は、絶景です。春と秋に咲くリンドウもかわいいですよ。また、草千里ヶ浜の雄大な自然のなかで体験できる乗馬も最高です。四季折々の阿蘇の風景はまったく違った顔をしてそれぞれ素晴らしいと思います。

くろちゃんと阿蘇草千里乗馬クラブのみなさん

地図の注記

- **ミルクロード**: 雄大な阿蘇五岳や草原・田園風景が楽しめる北外輪山上の道
- 阿蘇インフォメーションセンター
- **大観峰**: 阿蘇の山々を一望できる絶好のビューポイント
- **やまなみハイウェイ**: くじゅう連山に続くドライブコース
- **ラピュタの道**: 道幅が狭いので、車の運転には注意
- 阿蘇内牧温泉街は街中に旅館や民宿が点在
- 熊本市内と阿蘇を結ぶ観光特急列車「あそぼーい！」の発着駅
- **米塚**: 阿蘇の神様が収穫した米を積み上げたものが山になったとか
- **阿蘇パノラマライン**: 山頂へ向かう阿蘇ドライブの定番ルート
- **仙酔峡**: 5月には約5万株のツツジ・ミヤマキリシマが溶岩流上に咲く
- **草千里ヶ浜** ☆
- **中岳火口**: 火山ガスの状況により運行中止になることもある
- 奥には水源の守護神、罔象女神（みつはのめのかみ）が祀られた吉見神社がある
- 南阿蘇に温泉街はないが、温泉旅館や入浴施設が点在している
- **南阿蘇鉄道高森線**: 渓谷や高原の広大な景色を楽しめるトロッコ列車が走る
- **高千穂峡**: ここからあと約27km、車で約35分

🚗 車での移動がおすすめ　　交通

■阿蘇くまもと空港から草千里ヶ浜まで車で約50分

公共交通機関で訪れる場合、鉄道かバスで阿蘇駅まで出て、そこから産交バス阿蘇火口線で草千里阿蘇火山博物館前バス停まで約30分。産交バスでは空港や熊本駅から1本で行ける九州横断バスも運行しているが、予約制で便数もあまり多くはない。

お楽しみワンポイント♪
ホーストレッキング
阿蘇の雄大な景観を馬との一体感を感じながら楽しめる。スタッフが手綱を引くので子供でも安心。

📝 大パノラマを巡る山ドライブ　モデルプラン

1日目
午前 — 見晴らしが良い絶景スポットに車を走らせる
阿蘇ドライブのスタートはミルクロードから。広々とした草原を走り抜けて絶景ポイントの大観峰へ。

午後 — 阿蘇パノラマラインを南下し、草千里ヶ浜へ
定番ドライブコースに進み、米塚を通ってから草千里ヶ浜の展望所へ。ホーストレッキングで景観を眺めたあとは、中岳火口で阿蘇山の噴火口を見学する。

2日目
午前 — トロッコ列車「ゆうすげ号」で南阿蘇の風景を堪能
立野駅からトロッコ列車に乗って渓谷や、のどかな阿蘇山麓の風景を楽しむ。途中で下車し、白川水源へ。

午後 — 南阿蘇の温泉でリフレッシュ
南阿蘇の温泉に立ち寄ってから帰路につく。

立ち寄りスポット 👟

南阿蘇地域の湧水の代名詞
白川水源　しらかわすいげん

草千里ヶ浜から車で約30分

名水百選にも選ばれている、南阿蘇地域の代表的な湧水地。毎分60t湧き出る豊富な清水を目当てに海外から訪れる人も多い。

お泊まり情報　宿泊施設はおもに阿蘇駅周辺にある。ペンションや温泉宿は阿蘇山に点在している。

15 | 標高1600mの火山台地を
新緑や紅葉が鮮やかに彩る

はちまんたい　　　　　　　　　　　　岩手／秋田

八幡平

茶臼岳南側にある熊沼は紅葉が美しい。沼への登山道はないが、八幡平アスピーテラインから一望できる

1. 八幡沼周辺の自然探勝路や黒谷地湿原など、各所に散策路がある。夏は高山植物の宝庫
2. 新緑とともに紅葉風景も素晴らしい八幡平アスピーテライン
3. 東西600m、南北200mの八幡沼は、八幡平で最大の沼。複数の火口から生まれた火口湖だ

山というよりは高原の開放感 絶景ロードを快適にドライブ

　奥羽山脈の北部、岩手県と秋田県にまたがる台地上の火山群で、日本百名山のひとつに数えられている。ブナやアオモリトドマツの原生林が生い茂り、無数の沼や湿原が点在する火山帯独特の風景が魅力だ。台地を横断する全長約27kmの八幡平アスピーテラインが整備され、岩手山などの峰々が連なる開放的な景色を満喫できる人気のドライブコースとなっている。ワタスゲやニッコウキスゲが咲き誇る夏、樹木が赤く染まる秋はとくに美しい。観光拠点の見返峠付近からは、八幡沼を巡りながら標高1613mの山頂へ向かう散策路が続いている。火山の恵みの温泉もぜひ楽しみたい。

最新情報はココでチェック

八幡平市観光協会　☎0195-78-3500
八幡平山頂レストハウス（4月中旬〜11月上旬のみ開館）
所 秋田県仙北市田沢湖大深沢国有林内
松尾八幡平ビジターセンター 所 岩手県八幡平市柏台1-28

夏は高山植物が花盛り　季節／時間

1	2	3	4	5	6	7	8	9	10	11	12

高山植物の咲き誇る6〜8月、紅葉時季の9月下旬〜10月中旬がとくに美しく、最適のドライブシーズン。冬季は八幡平アスピーテラインと八幡平樹海ラインが通行止めになる。

花の見ごろ　ミズバショウ 6月中旬〜下旬　ワタスゲ 6月下旬〜7月中旬　ニッコウキスゲ 7〜8月　※開花時期は標高による

標高を考慮した服装で　アドバイス

八幡平山頂近くの見返峠付近は、真夏でも20℃前後と涼しい。平地の服装に加えて、脱ぎ着できる衣服を持参したい。なお、山頂周辺は国立公園の特別保護地区のため植物の採集は禁止されている。写真撮影や観賞して楽しむだけにとどめよう。

絶景アドバイザー

佐々木さん（八幡平市観光協会）

八幡平は、火山帯ならではの神秘的な風景と多くの温泉に恵まれた天然のオアシス。本格的な登山装備や経験がなくても、誰でも気軽に雄大な自然に触れられます。開通直後の雪の回廊、夏の新緑、秋の紅葉と季節ごとの美しい風景を楽しめます。

地図上の注記

- **八幡平山頂展望台**: アオモリトドマツの原生林や岩手山を望む展望台がある。山頂へは残り徒歩5分
- **源太森**
- **黒谷地湿原**: 湿原を通る木道がある。バス停から展望台まで片道15分
- **熊の泉**: 休憩にちょうどいい水場
- **陵雲荘(避難小屋)**
- **後生掛温泉**
- **八幡平**
- **八幡沼展望台**
- **ガマ沼分岐**
- **メガネ沼**
- **鏡沼**
- **ガマ沼**
- **自然探勝路**
- **源太清水**
- **岩手山の眺めはダイナミック!** (この辺から見る)
- **茶臼岳**: 八幡平きっての展望ポイント。茶臼口バス停から片道約45分。熊沼やアスピーテラインも見下ろせる
- **見返峠**
- **八幡平頂上**
- **八幡平山頂レストハウスと展望台、駐車場あり**
- **八幡平アスピーテライン**
- **熊沼**
- **秋田県 / 岩手県**
- **八幡平樹海ライン**
- **太古の息吹**: 温泉の高温蒸気が噴き出る「太古の息吹」がある
- **ゆるやかなカーブが続く快適なドライブコース。開通直後は雪の回廊が連なる**
- **藤七温泉**
- **彩雲荘**
- **蓬莱境**: 巨石や古木が多い40分のトレッキングコース。モリアオガエルの繁殖地でもある
- **蓬莱沼**
- **石ガタ沼**
- **夜沼**: ミズバショウの群落地。アスピーテラインから見ることができる
- **松川温泉**: 広葉樹が多い道で秋の紅葉はとりわけ美しい
- **茶臼口**
- **御在所湿原**

🚗 ドライブしながら景色を堪能　交通

- 松尾八幡平ICから見返峠まで車で約40分
- 鹿角八幡平ICから見返峠まで車で約1時間

八幡平アスピーテラインは、冬の11月上旬〜4月中旬(八幡平樹海ラインは〜4月下旬)は、終日通行止め。開通後〜5月下旬頃は夜間(17時〜翌8時30分)通行止め。夏と紅葉時季には、盛岡駅から八幡平山頂方面へ行く八幡平自然散策バス(無料ガイド付)が1日1便運行している。

お楽しみワンポイント♪

❄ 雪の回廊
八幡平アスピーテラインの開通直後の4月中旬には、道路の両側に高い雪の壁がそそり立っている。

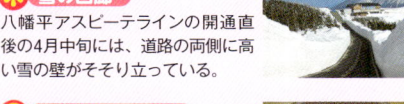

🍲 源太カレーうどん
岩手県産牛スジ肉を煮込んだカレーと秋田名産の稲庭うどんで2県の味が絶妙に組み合わさっている。

📝 車と徒歩で高原の美に浸る　モデルプラン

1日目
午前: 緑が心地よい八幡樹海ラインをドライブ
樹海ラインを上って緑と山並風景に見惚れる。八幡平山頂レストハウスの源太カレーうどんで昼食。

午後: 八幡平山頂で高山植物とパノラマ風景を見学
八幡沼を巡る約1時間の自然探勝路を歩き、高山植物の花々を愛でつつ、八幡平山頂へ。展望台から岩手山の雄大な眺めを楽しんだら、藤七温泉 彩雲荘に宿泊。

2日目
午前: アスピーテラインを爽快にドライブ
八幡平アスピーテラインを走って高原風景を観賞しつつ、御在所湿原へ。湿原と御在所沼・五色沼周辺を散策。

午後: 盛岡市街へ出て盛岡の味に舌つづみ
時間があれば市街を散策し、帰路につく。

立ち寄りスポット 👟

山頂や茶臼岳の中継地点にある気軽な散策スポット

御在所湿原 ごさいしょしつげん

見返峠から車で約25分

湿原と御在所沼、五色沼の周りに一周約1時間の散策コースが設けられ、春はミズバショウ、夏はワタスゲなどの高山植物の花が美しい。

白濁の湯に浸かりながら山に昇る日の出を拝む

藤七温泉 彩雲荘 とうしちおんせん さいうんそう

見返峠から車で約5分

標高1400mの東北最高所にある一軒宿の温泉。露天風呂から岩手山などを一望できる。日帰り入浴も可。冬季休業。

🏨 **お泊まり情報** 松川温泉や一軒宿の藤七温泉など、八幡平周辺には温泉が点在。リゾートホテルやコテージもある。

16 山々の眺望と突き出す奇岩が異世界のような光景をつくり出す

しこくカルスト
四国カルスト

愛媛／高知

カルスト地形では日本一の標高
ドライブで尾根道を駆け抜けたい

　カルストとは石灰岩が浸食されてできた地形のこと。日本三大カルストのひとつに数えられるここは、無数の岩が草原にむき出しになった特徴的な景観を、東西約25kmにわたる雄大なスケールで眺めることができる。標高1000〜1500mの高原に位置するため、四国の山々の眺望も良く、一帯では牛が草を食む牧歌的な情景にも出会える。

最新情報はココでチェック

久万高原町企画観光課　0892-21-1111
西予市役所経済振興課　0894-62-6408

緑まぶしい草原を眺めたい　季節／時間

1	2	3	4	5	6	7	8	9	10	11	12

高原が緑に染まるのは春から夏。避暑に最適で、ハンカイソウやヒメユリなどの高山植物も見られる6〜7月がベストシーズンだ。一面がススキに覆われる秋も見応えがあり、早朝には雲海が出現することもある。冬場は積雪することが多い。牛が放牧されているのは春から秋にかけてのみ。

運転と服装選びは慎重に　アドバイス

運転の際は道幅が狭い部分が多いので対向車に要注意。周辺にはガソリンスタンドも少ないので、出発地で満タンにしておきたい。平地よりも気温が低く、「ブユ」という吸血昆虫などが発生する時季もあるので、車外では長袖・長ズボンが望ましい。

五段高原付近。天狗高原から五段高原、姫鶴平にかけてが最もカルストらしい景観が広がるエリア

移動も景色を楽しむのも車が基本　交通

松山空港から**姫鶴平**(めづるだいら)まで**車で約2時間20分**

ドライブの中心となるのは、天狗高原から大野ヶ原までカルスト地帯を東西に貫く四国カルスト公園縦断線(県道383号)。松山ICから国道33・440号をたどり、地芳(じよし)峠で接続する。高知方面からの場合は高知自動車道須崎東ICで一般道へ。

松山観光も組み合わせて　モデルプラン

1日目

午前
松山空港でレンタカーを借りて四国カルストをめざす
探勝の拠点となる姫鶴平は地芳峠からすぐ。昼前の到着をめざし、まずはここで昼食をとる。

午後
ドライブで徒歩で、カルスト地形の絶景を堪能
五段高原や天狗高原には遊歩道があるので、車を降りて散策したい。観光牧場もある西側の大野ヶ原では、石灰岩地帯が広がる源氏ヶ駄場が絶景ポイントだ。夕方には出発し、松山の道後温泉に宿泊。

2日目

午前
半日強あれば松山市内の主要スポットが観光可能
松山城や松山市立子規記念博物館、坂の上の雲ミュージアムなどを巡る。昼には愛媛名物の鯛料理を賞味。

午後
空港までは市内中心部から車で20～30分ほど
松山空港でレンタカーを返却し、帰路につく。

お泊まり情報 宿泊施設が数軒あるが、冬場は閉鎖されるものも。松山や高知から日帰りするのが一般的。

四国カルスト

釧路川流域の広大な湿原は野生動物の宝庫。タンチョウやシマフクロウなどの稀少生物も暮らしている

17 太古の自然が残された大湿原にタンチョウが舞い降りる

釧路湿原（くしろしつげん） 北海道

1. 釧路湿原に生息するおよそ1300羽のタンチョウのほとんどは渡り鳥ではなく留鳥
2. 湿原周辺には、約600種の植物や約170種の鳥類などが生息する
3. 釧路市湿原展望台から続く所要約1時間の散策路。途中にサテライト展望台がある

国際的に稀少価値が認められた広大な湿地は動植物の宝庫

　北海道東部に広がる面積約2.9haに及ぶ国内最大の湿原。ヨシが群生する緑の平野に釧路川が蛇行して流れ、大小いくつもの湖沼が点在する。特別天然記念物のタンチョウやキタサンショウウオをはじめ、貴重な動植物たちの生息地であり、湿原保存を目的とした国際条約、ラムサール条約にも1980年に国内でいち早く登録された。原始の時代を想像させる大自然の光景は、およそ6000年前まで浅い湾だった場所の海水が引いたのち土砂や泥炭が堆積し、約3000年前に現在のような姿になったものだ。各所の展望台や遊歩道、湿原を走る列車など、さまざまな視点から眺望を楽しめる。

最新情報はココでチェック

釧路観光コンベンション協会　☎0154-31-1993
温根内ビジターセンター
☎0154-65-2323　所 北海道阿寒郡鶴居村温根内
塘路湖エコミュージアムセンター「あるこっと」　☎0154-87-3003

緑と花で色鮮やかな夏　季節／時間

1	2	3	4	5	6	7	8	9	10	11	12

湿原を覆うヨシやスゲの緑が濃く、湿性植物が開花する7月〜8月中旬頃がとくに美しい。湿原内を走るくしろ湿原ノロッコ号は4月下旬〜9月（運転日は要確認）のみ運行で、6〜9月は午後の運行もある。春と秋は草木が枯れ色となる。冬は雪に覆われ、10〜3月は湿原西側などの給餌場にタンチョウが集まる。

貴重な動植物を大切に守ろう　アドバイス

湿原の自然を守るため、決められた木道以外は湿原内に立ち入らない、生き物にエサを与えないなどのルールを順守しよう。くしろ湿原ノロッコ号は自由席もあるが、繁忙期は指定席を予約したい。カヌーやホーストレッキングのツアーもある。

絶景アドバイザー

一日の寒暖差が大きく、霧の多い地域です。朝霧に沈む湿原や、夕焼けに染まる湿原も美しく、時間ごとに、違う風景を楽しめます。広い湿原では西と東で自生する植物が異なり、風景も多様です。複数の展望台を訪れ、その違いも楽しんでください。

伊藤さん（釧路観光コンベンション協会）

優しい野生 湿原

地図の注記

- **コッタロ湿原展望台**
- **シラルトロ自然情報館**
- 湖沼群と湿原の広がる風景を一望できる
- **サルボ展望台**
- 3つの展望台があり、原始的な湿原風景が見られる。付近は細い砂利道なので運転に注意
- 塘路湖エコミュージアムセンター「あるこっと」
- 塘路駅／塘路湖
- ここから出発する温根内木道がある。一周約1時間で野鳥や花を楽しめる
- 温根内ビジターセンター
- 湿原東部には、海の名残をとどめる海跡湖が点在。塘路湖は釧路湿原最大の海跡湖
- 日本で唯一、シマフクロウを飼育、タンチョウなどがいる北海道ゾーンも充実
- **釧路湿原**
- 釧路湿原駅／細岡駅／細岡ビジターズラウンジ
- **細岡展望台**
- 館内には湿原のジオラマやパネル展示あり。途中に展望台がある遊歩道はおすすめ
- 釧路川、雄阿寒岳、雌阿寒岳を望む夕景スポット。最寄駅は釧路湿原駅
- 釧路市山花公園オートキャンプ場
- 釧路市動物園
- **釧路市湿原展望台**
- 北斗遺跡
- 釧路湿原野生生物保護センター
- 釧路平野
- **釧路市丹頂鶴自然公園**
- 湿原の生態系や絶滅の恐れがある野生生物をパネルやジオラマで紹介。無料
- たんちょう釧路空港
- 遠矢駅／東釧路駅／武佐駅／別保駅／釧路駅
- 大楽毛駅／新大楽毛駅／新富士駅
- 鶴見台／釧路CC／キラコタン岬／宮島岬

レンタカーで湿原各所を巡る　交通

- たんちょう釧路空港から釧路市湿原展望台まで車で約25分
- 釧路駅から釧路湿原駅までくしろ湿原ノロッコ号で約25分

釧路駅から釧路市湿原展望台へは阿寒バスが運行しているが1日6本程度と便数は少ない。コッタロ湿原展望台などへ行くにもレンタカーが便利。細岡展望台は釧路湿原駅から徒歩約15分。

湿原の多彩な表情に触れる　モデルプラン

1日目

午前　湿原の遊歩道を1時間ほど散策 
到着後、たんちょう釧路空港でレンタカーを借り、釧路市湿原展望台へ。遊歩道を散策し、湿原風景を間近に楽しむ。

午後　展望台を巡って湿原の多様な自然風景を満喫
太古の自然を思わせる風景のコッタロ湿原展望台、湖沼風景が美しいサルボ展望台などをまわる。釧路のホテルに宿泊し、炉端焼など釧路の味を堪能。

2日目

午前　列車に乗って湿原の広さを実感する 
釧路駅からくしろ湿原ノロッコ号に乗って車窓から湿原風景を楽しむ。釧路湿原駅で降り、細岡展望台から湿原や釧路川、阿寒連山を一望。

午後　日本最大級の野鳥タンチョウに会いに行く
空港へ向かう途中、釧路市丹頂鶴自然公園へ。

お楽しみワンポイント♪

くしろ湿原ノロッコ号
湿原の中央を走り抜け、見どころポイントではゆっくり走ってくれる。
営 1日1〜2便 午前中釧路駅発　料 釧路〜塘路間540円

カヌー
ガイドと一緒に釧路川を下り、雄大な湿原風景や動植物に出会える。

立ち寄りスポット

タンチョウに必ず会える場所
釧路市丹頂鶴自然公園　くしろしたんちょうづるしぜんこうえん
釧路駅から車で約30分

絶滅の危機に瀕したタンチョウを保護し、繁殖させるための施設。飼育場を一望できる展望台などから、季節を問わず見学できる。

お泊まり情報　釧路湿原の近くには、民宿やB&B、ロッジなどがあるが数はあまりない。釧路駅周辺に集まっている。

18 山々に囲まれた高山植物の楽園
爽やかな風が吹く湿地を歩く

群馬／福島／新潟

おぜがはら
尾瀬ヶ原

みずみずしい湿原地帯に至仏山の
シルエットが美しい中田代付近。
雪解けを合図に花々が咲き始める

尾瀬ヶ原

1 秋の尾瀬は9月下旬に黄金色の草紅葉が始まり、10月頃になると木々の紅葉が美しくなる
2 ミズバショウは尾瀬を象徴する花のひとつ
3 ニッコウキスゲが群生する中田代の風景。すがすがしい空気に包まれた7月の尾瀬らしい風景

どこまでも平らな木道が続く
可憐な花々のプロムナード

　約3.7万haもの面積を持つ尾瀬国立公園のなかでも、最もハイカーに人気のエリア。周囲は至仏山、燧ヶ岳など2000m級の名峰に囲まれており、ハイキングルートの数も多い。稀少種を含め多種類の高山植物が生息していて、その自然環境は学術的にも高く評価されている。雪解けとともに訪れるミズバショウの季節はとくに人々の心をひきつけてやまず、童謡にもその美しさが歌われているほど。遠目に山々を眺めつつ、広々とした湿原に延びる木道を歩けば爽快な気持ちでいっぱいだ。初めてなら鳩待峠から歩き始め、竜宮または見晴あたりで引き返すルートが一般的。

最新情報はココでチェック

片品村観光協会　☎0278-58-3222
尾瀬山の鼻ビジターセンター
所 群馬県利根郡片品村(尾瀬山ノ鼻)

5〜6月のミズバショウが人気　季節／時間

| 1 | 2 | 3 | 4 | 5 | 6 | 7 | 8 | 9 | 10 | 11 | 12 |

雪解けが始まる5月中旬から花が咲き始め、新緑が美しいのは7〜8月。気温は東京より10℃ほど低く、8月でも最高25℃前後、朝晩は12℃くらいだ。11月中旬〜4月下旬は冬季道路閉鎖あり。

花の見ごろ　ミズバショウ 5月下旬〜6月上旬
ニッコウキスゲ 7月中〜下旬　草紅葉・紅葉 9月下旬〜10月中旬

自然保護のマナーを確認　アドバイス

ゴミは持ち帰る、湿原・森林には立ち入らない、木道は右側通行、動植物を採取しない、ペットを持ち込まないなど、協力し合いながら登山を楽しみたい。また、特定の期間に登山客が集中することによる自然への影響も心配されており、平日の訪問が推奨されている。初心者でも安心の軽登山だが、登山靴、速乾性の服、防寒具、帽子、雨具などは用意したい。

絶景アドバイザー

春、夏、秋と季節によって景色が変わるのが尾瀬の魅力で、何回来ても楽しめます。ルートも多く、目的地や体力によって選べます。下山後は片品村の宿で疲れを癒すのもおすすめ。おみやげには高原野菜や高原花豆が人気です。

井上さん(片品村観光協会)

地図上の注記

- 白沢山
- 新潟県
- 太白沢山
- 景鶴山
- カッパ山
- ヨッピ吊橋
- 岳ヶ倉山
- 八海山
- **尾瀬ヶ原**
- 中田代
- 上田代
- 牛首分岐
- 竜宮
- 尾瀬山の鼻ビジターセンター
- 至仏山
- アヤナ平
- 富士見峠
- 鳩待山荘 鳩待峠（入山口）
- 恵沢岳
- 津奈木↓
- 富士見下（入山口）
- 群馬県
- 荷鞍山
- 渋沢温泉小屋
- 渋沢大滝
- 御池 国民宿舎
- 七入
- モーカケノ滝
- 蛇滝
- 三条ノ滝
- 平滑ノ滝
- 温泉小屋
- 燧ヶ岳
- 福島県
- 抱返ノ滝
- 沼尻休憩所
- 沼山峠休憩所
- 沼山峠（入山口）
- 大江山
- 尾瀬沼
- 尾瀬沼ビジターセンター
- 檜高山
- 三平峠（尾瀬峠）
- 袴腰山
- 皿伏山
- 一ノ瀬休憩所
- 白尾山
- 大清水休憩所
- 大清水（入山口）
- 物見山

ふきだしの説明
- 迫力ある滝で、雪解けの季節はとくに見もの
- 野鳥が多い穏やかなブナ林の道
- 沼尻から沼山峠までのコースは所要約3時間。燧ヶ岳の噴火によってできた尾瀬沼沿いを歩く
- 山小屋が多い十字路
- 日帰りハイキングならこのあたりで引き返す
- このあたりにミズバショウが群生している
- 標高2228mの山は鳩待峠との往復6時間ほどの登山が楽しめる
- 狭いエリアにさまざまな花が咲く研究見本園
- 尾瀬で最も一般的な入口で拠点になる

🚌 田舎道をバスで乗り継いで　交通

▶ 沼田駅から戸倉（鳩待峠バス連絡所）まで関越交通バスで約1時間30分 ➡ 戸倉から鳩待峠までマイクロバス（関越交通）で約35分

周辺図
- 長岡／新潟県／湯沢IC／越後湯沢駅／上越新幹線／水上IC／上越線／上毛高原駅／**沼田駅**／沼田IC
- 尾瀬ヶ原／至仏山／燧ヶ岳／尾瀬沼／鳩待峠／戸倉
- 会津若松／栃木県／日光IC／東照宮／日光駅／中禅寺湖／男体山／鎌田温泉／花咲温泉／前橋／新藤原駅
- マイクロバスで約35分／関越交通バスで約1時間30分
- 63／401／120／122／120／120

戸倉からは乗合タクシーも利用可。入山口は鳩待峠のほか富士見下、大清水、沼山峠など。車の場合、津奈木～鳩待峠間は5月下旬～10月中旬、御池～沼山峠間は通年マイカー規制がある。夜に各地発で朝に鳩待峠着、別の入山口から帰るツアーもある。

お楽しみワンポイント♪
味噌まんじゅう
尾瀬の玄関口・沼田市の名物。まんじゅうに味噌だれをつけて炙ったもの。

📝 山小屋泊でハイキング　モデルプラン

1日目 午前：鳩待峠に到着! 尾瀬ヶ原をめざして出発
鳩待峠に着いたら1時間ほど歩き、尾瀬山の鼻ビジターセンターを過ぎれば、尾瀬ヶ原ハイキングの本番だ。

1日目 午後：花々を愛でつつ、景色を満喫 
木道そばのベンチでお弁当をいただく。牛首分岐からヨッピ吊橋のほうへ向かい、16時頃までに見晴周辺の山小屋に到着。

2日目 午前：朝から湿原の絶景を目に焼きつけて鳩待峠へ
山小屋から三条ノ滝に向けて出発。滝を見学したら見晴や竜宮を通って鳩待峠まで引き返し、帰路につく。

立ち寄りスポット

尾瀬の麓の村で温泉に浸かってから帰る

片品村　かたしなむら
▶ 鳩待峠から車で約30分

村内には10の温泉があり、鳩待峠から沼田までの帰り道に寄りやすいのが尾瀬戸倉温泉、片品温泉、鎌田温泉、花咲温泉など。日帰り入浴できる宿もあるので、ハイキングの疲れを癒そう。

花の駅片品・花咲の湯

🏠 お泊まり情報　山小屋は鳩待峠周辺、見晴、山の鼻などに20数軒ある。すべて予約・定員制。

19 人間と自然がともにつくり上げた なだらかな"総天然色"の丘

北海道

美瑛・四季彩の丘
びえい・しきさいのおか

ココ

四季彩の丘では春から秋に数十種類の草花が丘を埋め尽くす。美瑛でも標高の高い位置にあるため広い眺望も魅力だ

美瑛・四季彩の丘

波のようにうねる丘の連なりを
季節の花が色彩豊かに染める

美瑛町にはなだらかな丘陵地が広がる。ゆるやかにうねり、複雑に重なり合う丘を埋めるのは、おもにジャガイモや小麦、トウモロコシなどの野菜畑や麦畑だ。四角い耕地が色合いを変えて並ぶ景色がパッチワークに例えられる。そのなかで、ひときわ鮮やかなパッチワークの一片が四季彩の丘。チューリップやルピナス、ひまわりなどの季節の花が15haの園内に咲き誇り、色とりどりの絨毯を紡ぎ出す。花畑の向こうには緑の丘が連なり、十勝岳連峰のパノラマとともに絵になる風景を見せる。美瑛駅から観光列車に乗れば、富良野のラベンダー畑へも1時間以内で行ける。北の大地の豊かな恵みと季節の彩り、そして開放感を心ゆくまで味わおう。

最新情報はココでチェック

四季の情報館（美瑛町観光協会）
☎ 0166-92-4378　所 北海道上川郡美瑛町本町1-2-14
四季彩の丘　☎ 0166-95-2758　所 北海道上川郡美瑛町新星第三
営 9:00～17:00（11・3月は～16:30、12～2月は～16:00） 6～9月8:30～18:00　休 無休　料 無料（任意で維持管理費200円）

春から夏へ異なる装い　　季節／時間

1	2	3	4	5	6	7	8	9	10	11	12

6～8月は花畑がピークを迎え、7月中はラベンダーが最盛期に。7月上旬から美瑛の丘ではジャガイモの花が咲きはじめ、7～8月には小麦が収穫期となり麦稈（ばっかん）ロールが現れる。

- 花の見ごろ
- チューリップ　5月
- ルピナス　6月～8月上旬
- コスモス　6月下旬～7月中旬、8月下旬～9月
- ラベンダー　6月下旬～8月上旬
- ひまわり　6月下旬～10月中旬
- サルビア　7～9月
- ケイトウ　7～9月

移動手段は事前に決めておく　アドバイス

四季彩の丘の広い園内は、自分で運転できるカート（有料）やトラクターバスの四季彩ノロッコ号で移動する。美瑛町には路線バスがないので、街に点在する丘巡りはレンタサイクルかレンタカー、もしくは定期観光バスなどを利用することになる。

絶景アドバイザー

四季彩の丘は昼から3時くらいまでは混雑するので、午前中の来園がおすすめ。砂利道なので歩きやすい靴で来てください。花畑のほかに、フワモコの16頭のアルパカがいるアルパカ牧場も人気です。美瑛産生乳を使ったオリジナルソフトクリームや揚げたてコロッケもおいしいですよ。

ロールくん（四季彩の丘マスコットキャラクター）

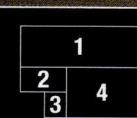

1 5月のチューリップ畑。花畑の奥にはハートの木が立つ
2 丘にぽつんとたたずむ「赤い屋根の家」は人気撮影スポット
3 緑や黄金色に染まる美瑛の丘も、冬には白銀一色の世界に
4 中富良野のファーム富田では、春から秋までカラフルな花畑を楽しめる。なかでも真夏の7月中旬頃はラベンダーが花盛りだ

鮮やか！花絨毯

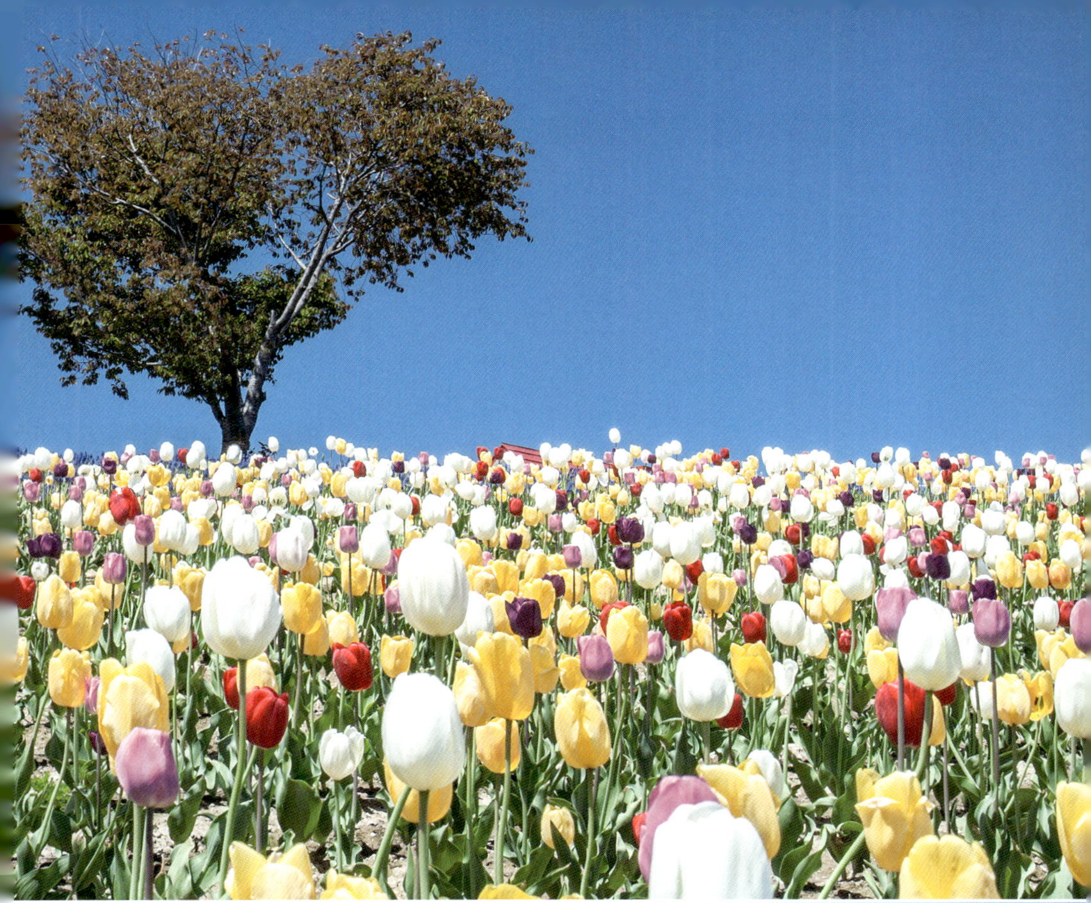
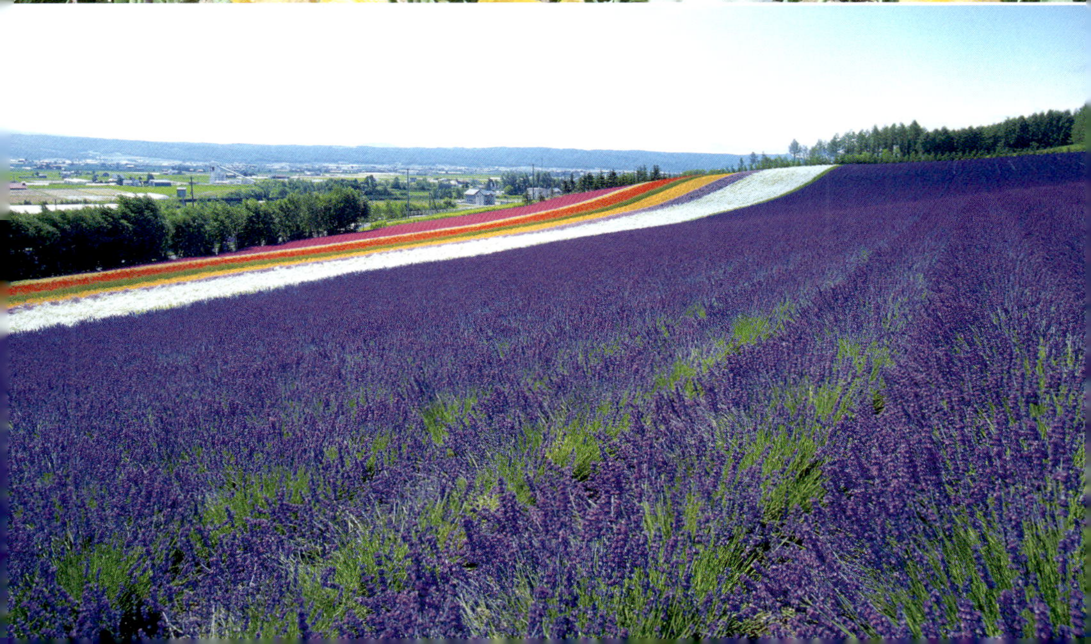

🚗 車やレンタサイクルを利用　　　交通

- 旭川空港から美瑛駅までふらのバスラベンダー号で約15分
- 美瑛駅から美馬牛(びばうし)駅までJR富良野線で約10分
- 旭川空港から四季彩の丘まで車で約30分

美馬牛駅から四季彩の丘までは徒歩約25分。美瑛は駅でレンタサイクルを利用するか、空港からレンタカーが便利だ。駐輪場所に困らない自転車は丘巡りにも活躍。坂が多いので電動自転車がおすすめ。美瑛駅、美馬牛駅周辺で借りられる。美瑛の丘を巡るJR利用者専用ツインクルバス美瑛号(夏・秋限定)も便利。札幌発着の観光バスもある。

お楽しみワンポイント♪

✱ 富良野・美瑛ノロッコ号

大きな窓から花畑や丘の風景を満喫できる観光列車。夏と秋限定で旭川と美瑛、富良野を結び、ファーム富田近くのラベンダー畑駅にも臨時停車する。

営 6〜10月上旬(秋は土・日曜、祝日のみ)1日3往復程度　※毎年変更あり　料 富良野・美瑛間640円

立ち寄りスポット

季節や時間で多様に模様替えする丘の大地
パッチワークの路　　パッチワークのみち

美瑛駅から車で約10分

美瑛北西部の農地の広がる丘陵地に続く道。ケンとメリーの木、親子の木、マイルドセブンの丘などCMなどに登場したビューポイントが点在。十勝岳連峰の眺めも良い。

尾根道から波打つ美瑛の丘の景色を俯瞰する
パノラマロード

美瑛駅から車で約15分

美瑛でも標高の高い、南を走る尾根道で、美瑛の丘を一望できる。四季彩の丘などの花畑やギャラリー、赤い屋根の家などのビューポイントも点在。

青い水が神秘を感じさせるパワースポット
青い池　　あおいいけ

美瑛駅から車で約20分

美瑛の市街地から白金温泉へ向かう途中の森の中にある。真っ青な池に立ち枯れの木が何本もたたずむ風景は神秘的。

📝 花の丘をサイクリング　　モデルプラン

1日目 午前　四季彩の丘で多彩な花を愛でる
旭川空港から車で、あるいは美馬牛駅から貸自転車で四季彩の丘へ。園内のカラフルな花をゆっくり観賞し、併設するアルパカ牧場を見物。

1日目 午後　開放的な尾根道を走る
四季彩の丘でのんびり過ごしたら、見晴らし抜群のパノラマロードをサイクリングやドライブで満喫。美瑛駅へ移動し、駅周辺で宿泊する。

2日目 午前　テレビでおなじみの風景へ
自転車やツインクルバス美瑛号でパッチワークの路へ。野菜畑の広がる丘で、CMでおなじみの木などの見どころを巡る。疲れたらカフェに立ち寄って休もう。

2日目 午後　ラベンダーの香りを楽しむ
富良野・美瑛ノロッコ号に乗りラベンダー畑駅で下車。ファーム富田で花盛りのラベンダー畑を眺め、ラベンダーソフトを味わう。富良野泊。

3日目 午前　旭川でグルメや観光
旭川で市内の見どころや旭山動物園へ立ち寄り、塩ホルモンや旭川ラーメンなどを味わい、帰途につく。

足を延ばして　富良野の絶景花畑へ

一面紫色の絨毯が広がるラベンダー畑で有名な富良野。ほかにも季節の多彩な花が咲き誇る花畑を巡ってみたい。

ファーム富田 (とみた)
美瑛駅から富良野線で約50分

ラベンダー観光の先駆け的存在。早春から秋まで、色鮮やかな花が広大な園内を飾る。花グッズの並ぶショップやカフェも。

日の出(ひので)ラベンダー園(えん)
美瑛駅から富良野線で約45分

市街に近い丘にある無料のラベンダー園。展望台から花畑と富良野盆地、十勝岳連峰を一望。見ごろは7月中旬〜下旬。

美瑛・四季彩の丘

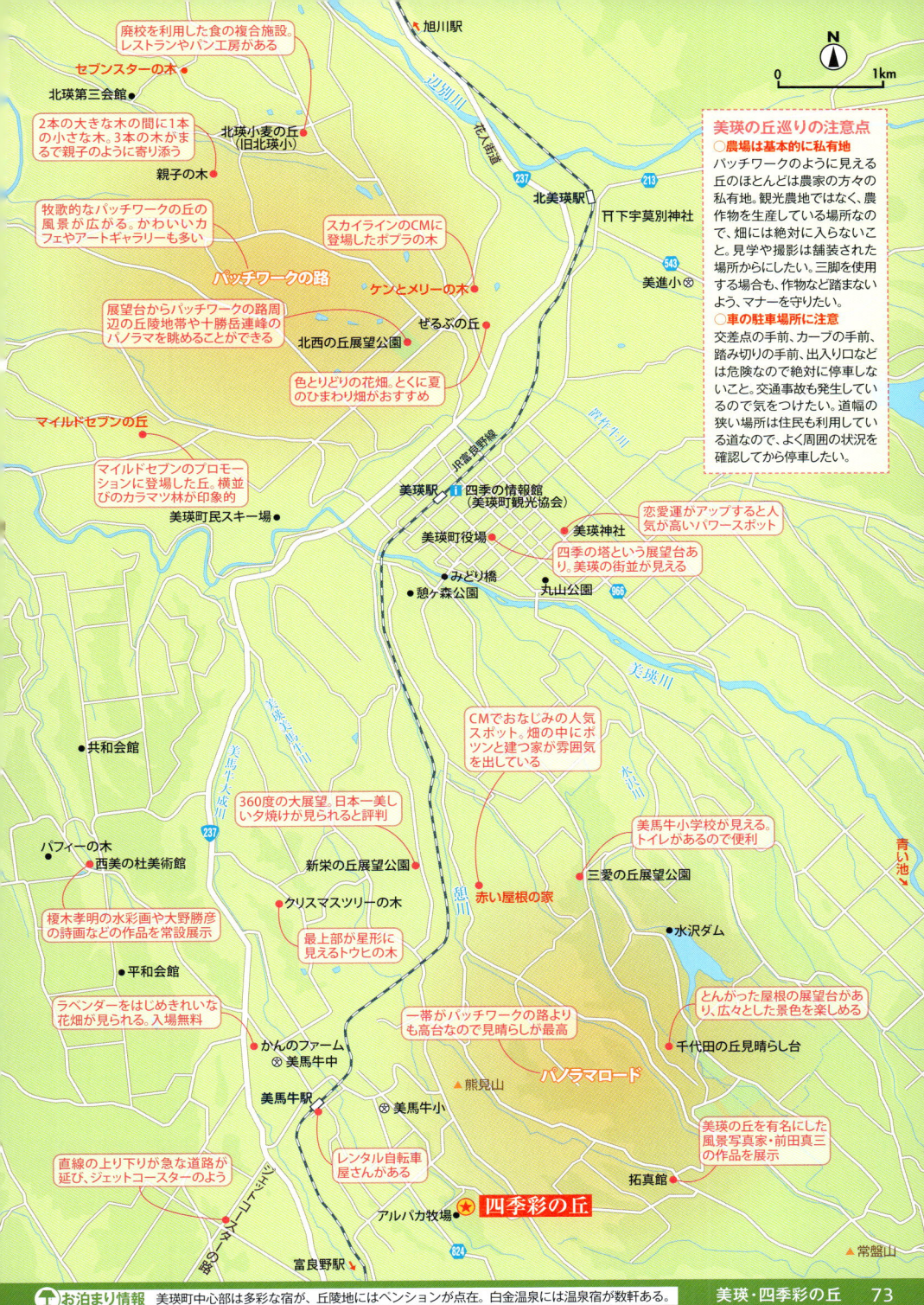

美瑛の丘巡りの注意点

○ **農場は基本的に私有地**

パッチワークのように見える丘のほとんどは農家の方々の私有地。観光農地ではなく、農作物を生産している場所なので、畑には絶対に入らないこと。見学や撮影は舗装された場所からにしたい。三脚を使用する場合も、作物など踏まないよう、マナーを守りたい。

○ **車の駐車場所に注意**

交差点の手前、カーブの手前、踏み切りの手前、出入り口などは危険なので絶対に停車しないこと。交通事故も発生しているので気をつけたい。道幅の狭い場所は住民も利用している道なので、よく周囲の状況を確認してから停車したい。

地図上の注記

- **セブンスターの木**：廃校を利用した食の複合施設。レストランやパン工房がある
- **北瑛第三会館**
- **親子の木**：2本の大きな木の間に1本の小さな木。3本の木がまるで親子のように寄り添う
- **北瑛小麦の丘（旧北瑛小）**
- **パッチワークの路**：牧歌的なパッチワークの丘の風景が広がる。かわいいカフェやアートギャラリーも多い
- **ケンとメリーの木**：スカイラインのCMに登場したポプラの木
- **北美瑛駅**
- **下宇莫別神社**
- **ぜるぶの丘**：色とりどりの花畑。とくに夏のひまわり畑がおすすめ
- **北西の丘展望公園**：展望台からパッチワークの路周辺の丘陵地帯や十勝岳連峰のパノラマを眺めることができる
- **美進小**
- **マイルドセブンの丘**：マイルドセブンのプロモーションに登場した丘。横並びのカラマツ林が印象的
- **美瑛町民スキー場**
- **JR富良野線**
- **美瑛駅／四季の情報館（美瑛町観光協会）**
- **美瑛町役場**
- **美瑛神社**：恋愛運がアップすると人気が高いパワースポット
- **みどり橋**：四季の塔という展望台あり。美瑛の街並が見える
- **憩ヶ森公園**
- **丸山公園**
- **共和会館**
- **赤い屋根の家**：CMでおなじみの人気スポット。畑の中にポツンと建つ家が雰囲気を出している
- **パフィーの木**
- **西美の杜美術館**：榎木孝明の水彩画や大野勝彦の詩画などの作品を常設展示
- **新栄の丘展望公園**：360度の大展望。日本一美しい夕焼けが見られると評判
- **クリスマスツリーの木**：最上部が星形に見えるトウヒの木
- **三愛の丘展望公園**：美馬牛小学校が見える。トイレがあるので便利
- **水沢ダム**
- **青い池**
- **平和会館**
- **ラベンダーをはじめきれいな花畑が見られる。入場無料**
- **かんのファーム**
- **美馬牛中**
- **美馬牛駅**
- **美馬牛小**
- **熊見山**
- **パノラマロード**：一帯がパッチワークの路よりも高台なので見晴らしが最高
- **千代田の丘見晴らし台**：とんがった屋根の展望台があり、広々とした景色を楽しめる
- **直線の上り下りが急な道路が延び、ジェットコースターのよう**
- **拓真館**：美瑛の丘を有名にした風景写真家・前田真三の作品を展示
- **レンタル自転車屋さんがある**
- **アルパカ牧場**
- **★ 四季彩の丘**
- **富良野駅**
- **常磐山**

お泊まり情報 美瑛町中心部は多彩な宿が、丘陵地にはペンションが点在。白金温泉には温泉宿が数軒ある。

20 修験道の山として開けた吉野山
神木、霊木としてあがめられた桜

よしのやまのさくら　　　　　　　　　　　　　　奈良

吉野山の桜

世界遺産にも登録された吉野山
白山桜のさくら色がやさしい

　紀伊山地の北端、吉野川周辺から大峯連山へ向かって8kmほど続く尾根一帯が吉野山と呼ばれ、3万本200種もの桜が埋め尽くす。古くから修験道の聖域で役行者が金峯山寺を開き、後醍醐天皇が南朝の行宮を置くなど奥深い歴史を持つ。山裾から山頂へ向かい下・中・上・奥千本の4エリアに分かれ、下千本から順に約1カ月かけて開花する。

ℹ 最新情報はココでチェック

吉野山観光協会
☎ 0746-32-1007　所 奈良県吉野郡吉野町吉野山2430

🍀 朝と夜の桜は幻想的な景色　　季節／時間

1	2	3	4	5	6	7	8	9	10	11	12

冷え込んだ早朝には朝霧が出ることがあり、霧のなかに浮かび上がる桜は荘厳。夜にライトアップされた桜も見事。また、桜以外にも季節ごとにアジサイや紅葉、雪景色など、美しい景色が見られる。

花の見ごろ　**下千本の桜** 3月下旬〜4月上旬　**中千本の桜** 4月上旬　**上千本の桜** 4月上旬〜下旬　**奥千本の桜** 4月中旬〜下旬

👣❗ 年中行事も一緒に楽しむ　　アドバイス

桜のシーズン中は混雑するので、行動はできるだけ早朝に。宿泊をするのも一案だ。マイカー規制や渋滞を考えると鉄道利用がおすすめ。また、4月8日花まつり、4月11・12日花供会式、4月29日吉野神宮春の大祭などの行事も併せて見学したい。

吉野山信仰の象徴、金峯山寺を開いた役行者は桜の木に蔵王権現の姿を刻んだため、桜は神木とされる

🚗 路線バスを上手に利用　　　交通

大阪阿部野橋駅から**吉野駅**まで**近鉄特急南大阪線／吉野線で約1時間20分**

京都駅から**橿原神宮前駅**まで**近鉄特急京都線／橿原線で約50分** ➡ **橿原神宮前駅**から**吉野駅**まで**近鉄特急吉野線で約40分**

吉野駅から吉野山(山上駅)まではロープウェイを利用。桜の時季、山内の路線バスは交通規制や臨時増便により、吉野駅〜中千本公園間、竹林院前〜奥千本間が運行される。

📝 吉野に宿泊し夜桜を満喫　　　モデルプラン

1日目

午前　**下千本から桜を観賞しながら奥千本をめざす**
ロープウェイ吉野山駅(山上駅)へ。奥千本まで約4.5kmほどで、シーズン中は混雑している。昭憲皇太后立碑からの絶景ビューや花園山の桜などを観賞しつつ歩く。

午後　**奥千本まで一気に見学**
ランチは名物の柿の葉寿司。そのあと金峯山寺や吉水神社を見学。奥千本までバスに乗り、下りを徒歩で眺めるのもよい。吉野で宿がとれたら、夜桜も楽しみたい。

2日目

午前　**移動する前にもう一度吉野山の桜を目に焼きつける**
混雑する前に朝の吉野山を再度満喫。おみやげを買って奈良へ移動。名物吉野葛を使ったお菓子がおすすめ。

午後　**奈良市内に足を延ばし、名刹を訪れる**
奈良公園にある東大寺や興福寺などを見学後、帰途へ。

🏨 **お泊まり情報**　下千本〜上千本にたくさんの旅館や宿坊がある。周辺の街に宿泊しレンタサイクルを利用する方法も。

吉野山の桜

21 世界中から絶賛される
22種のフジが重なり合う色彩の美

福岡

かわちふじえん
河内藤園

花下面積1850坪が満開になる
圧倒的な美しさを誇る花のトンネル

　福岡県北九州市にある河内藤園は1977（昭和52）年に開園した私営の藤園。その美しさがネット上で広まり、話題になった。見どころは、約1000坪に及ぶ藤棚と、長さ80mと220mの2つの花トンネルだ。開花時期には22種類の花が咲き乱れ、「花のオーロラ」とも絶賛される幻想的な美しさ。また、秋には樹齢30年以上のカエデやモミジが真っ赤に色づく。

i 最新情報はココでチェック

| 河内藤園 | ☎093-652-0334 | 所 福岡県北九州市八幡東区河内2-2-48　開 9:00〜18:00 |

入場料は見ごろにより異なる　季節／時間

1	2	3	4	5	6	7	8	9	10	11	12

フジの花が咲き揃う時季はその年の気候にもよるが、4月の終わり頃から。入園料金は300〜1000円で、開花状況によって異なる。1000円のときが最も美しい時季ということだ。

- 花の見ごろ　フジ　4月下旬〜5月上旬
- 紅葉　11月下旬〜12月上旬

私営の藤園なので気を配ろう　アドバイス

園内では、カラオケなどの騒がしい行為、ペットの同伴、カメラの三脚を立てることなどは禁止されている。100年超えの貴重なフジもあるため、傷つけないようマナーを守った行動を心がけたい。雨の日の翌日はぬかるんだ道もあるので、スニーカーなど歩きやすい靴で出かけたほうがよい。

満開を迎えたフジのトンネル。花の甘酸っぱい香りや色彩の美しさは見る者を圧倒する

🚗 車で緑あふれる田舎道を進む　交通

■ 小倉駅から河内藤園まで車で約40分

公共交通機関よりも車が便利。河内天然温泉 あじさいの湯の無料送迎バスが八幡駅から出ているので、日帰り温泉とセットでプランニングするのもおすすめ。河内藤園までは徒歩5分ほど。

✏️ グルメタウン福岡を満喫　モデルプラン

1日目

午前 — **移動時間がかかるので、午前着をめざしたい**
小倉駅でランチ用のお弁当を仕入れ、タクシーで河内藤園へ向かう。

午後 — **河内藤園でのんびりランチ、そして散策を楽しむ**
藤棚の下でピクニック気分でランチ。園内の散策を楽しんだあとは、タクシーで小倉駅へ戻り、JR特急で博多へ。九州一の繁華街、天神の屋台で夜ごはん。

2日目

午前 — **美しい海の半島を巡る**
博多湾に面した海の中道にある水族館や海浜公園へ。鶏の旨みがたっぷり溶け出した博多名物・水炊きを堪能。

午後 — **菅原道真を祀る天神様へご挨拶**
「学問・至誠・厄除け」に御利益のある太宰府天満宮をお参り。その後、おみやげを買いつつ、帰路へ。

お泊まり情報 移動に便利な福岡中心地の博多、天神、中洲には、手ごろな料金からハイクラスのホテルまで豊富。

河内藤園

22 太陽の恵みを受けて 青空の下に広がる黄色い大輪

北海道

ほくりゅうちょうのひまわりのさと
北竜町のひまわりの里

鮮やかに花開く無数のひまわりは 訪れる人に元気を与えてくれる

　約23haの丘に約150万本のひまわりが咲き乱れ、作付けの規模は日本最大級を誇る。1979(昭和54)年、研修のためにヨーロッパを訪れていた元農協職員が、同地で見たひまわり畑に感動し、栽培を始めたことがきっかけとなり、1989(平成元)年にひまわりの里が造られた。「太陽の恵みと笑顔のマチ」を合言葉に、街全体がひまわりの魅力を伝えている。

最新情報はココでチェック
北竜町ひまわり観光協会　0164-34-2111
所 北海道雨竜郡北竜町和11-1(北竜町役場)

一面黄色に染まるのは8月上旬　季節／時間

1	2	3	4	5	6	7	8	9	10	11	12

6月下旬から蕾がつきはじめ、7月下旬から8月上旬に満開を迎える。毎年7月中旬から8月下旬にかけて、ひまわりの里を舞台にひまわりまつりを開催。花火大会などさまざまなイベントがあり、約40日間で延べ20万人の観光客が訪れる。

花の見ごろ　ひまわり　7月下旬～8月上旬

午前中から行動しておきたい　アドバイス

開花時期が短く、ベストシーズンが夏休み期間中であるため、観光客が集中する前の午前中には訪れよう。ひまわり迷路やレンタサイクルなどが楽しめるほか、週末限定の催しもあるのでチェックしよう。

成長を遂げたひまわりは、東の方角を向いたままほとんど動かない。まるで一輪一輪が太陽に感謝しているかのような光景だ

🚗 旭川空港から石狩川沿いに西へ　　交通

■ **旭川空港から北竜町のひまわりの里**まで車で約1時間30分

公共交通機関を利用する場合、バスと鉄道を乗り継いで空港から深川駅へ向かう。所要約1時間10分。深川駅からは、深川十字街バス停から路線バスに乗り、北竜中学校バス停下車すぐ。

📝 レンタカーで道内を巡る　　モデルプラン

1日目

午前 — **午前中の便で旭川に到着する**
旭川空港からレンタカーでひまわりの里へ向かう。

午後 — **満開のひまわりがお出迎え**
道の駅サンフラワー北竜で昼食休憩したあとは、ひまわりまつりのイベント会場へ。夕方までゆっくりと過ごせる。

2日目

午前 — **ひまわり畑を再訪。人気の観光スポット旭山動物園へ**
午前中にひまわり畑をもう一度散策。ひまわり迷路やひまわり号乗車を楽しんだあと、北竜町を出発。旭山動物園までは車で約1時間20分。

午後 — **昼前に到着し、動物園を満喫する**
人気の「ほっきょくぐま館」や「あざらし館」などを満喫。旭川市街へ、北海道ならではの味覚も満喫したい。

ⓘ **お泊まり情報**　北竜町、隣町の秩父別町、沼田町に温泉宿が1軒ずつある。

北竜町のひまわりの里

23 美しいコントラストが映える 丘の斜面に敷かれた花の絨毯

ひつじやまこうえんのしばざくら
埼玉

羊山公園の芝桜

芝桜の植栽面積は関東有数
花が描く躍動感あるデザインも魅力

秩父市の東側、武甲山の麓に位置する。毎年春に芝桜まつりが開催され、約1万7600㎡の広大な敷地一面に、9種類、40万株以上もの芝桜が咲き誇る。期間中の観客数は約60万人にも及ぶという。この時期は公園内で秩父路の特産市が開かれるほか、街なかでも郷土芸能の公演など、さまざまなイベントが催され、市内は賑わいをみせる。

最新情報はココでチェック
秩父市役所観光課　0494-25-5209
埼玉県秩父市野坂町1-16-15

開花情報は事前にチェック　季節／時間

| 1 | 2 | 3 | 4 | 5 | 6 | 7 | 8 | 9 | 10 | 11 | 12 |

芝桜まつりは毎年4月中旬から5月上旬頃に開催される。満開時期は例年4月末〜5月初め。開花状況はウェブサイトなどで確認しよう。芝桜まつりの期間は入園有料(8〜17時のみ)。芝桜より少し早い時季は桜も美しく、名所として知られる。

花の見ごろ
芝桜　4月中旬〜5月上旬
桜　4月上旬〜中旬
ハナショウブ　6月下旬〜7月上旬

休日に行く場合は朝早めに　アドバイス

土・日曜、祝日は非常に混雑するため、8〜9時に現地に着くようにするといい。満開時期に重なるゴールデンウィークは公園内への車両進入禁止。公園内の駐車場が利用できないので、公園外の臨時駐車場を使う。

祭りのときに囃子手が着る襦袢の
模様をイメージし、植えられた芝桜。
南には武甲山がそびえる

🚗 池袋駅から特急利用で2時間ほど　　交通

西武秩父駅から**羊山公園**まで**徒歩**で**約20分**

池袋駅から西武秩父駅まで特急レッドアロー号で約1時間20分。横瀬駅、御花畑駅からも徒歩やタクシーでアクセスできる。長瀞や三峰など秩父を巡るなら西武鉄道が発売しているお得なきっぷもチェックしておきたい。

✏️ 秩父の自然と歴史を堪能　　モデルプラン

1日目

午前　**電車で秩父へ向かう**
西武秩父駅から歩いて羊山公園へ向かう。

午後　**白、ピンク、紫に色づく芝桜を満喫**
彩り豊かな芝桜を堪能。売店でお昼をとり、公園内を散策。見はらしの丘から秩父市街を見下ろす。眺望を満喫したら市内のホテルへ。

2日目

午前　**秩父札所巡りへ出発!**
朝早起きして西武秩父駅前から皆野駅行のバスに乗り、札所一番で下車。四萬部寺(札所1番)、大棚山真福寺(札所2番)、常泉寺(札所3番)を徒歩でまわろう。

午後　**午後は2カ所を巡り帰路へ**
金昌寺(札所4番)に行ったら昼食にし、語歌堂(札所5番)へ。帰りは語歌橋から西武秩父駅行のバスに乗る。

🛏️ **お泊まり情報**　西武秩父駅周辺のホテルや旅館が便利。羊山公園内にも1軒あり、丘からの夜景が一望できる。

羊山公園の芝桜

24 空の青と溶け込むような 丘に広がる一面の瑠璃色

こくえいひたちかいひんこうえんのネモフィラ　　茨城
国営ひたち海浜公園のネモフィラ

450万株の花が広大な丘を 青く彩る幻想的な風景

　東京ドーム約41個分の広さを誇る国営ひたち海浜公園。四季折々の花が楽しめることで知られているが、とくに人気なのはネモフィラ。北アメリカ原産の可憐な花は、ひたちなか市内でいちばん標高の高いみはらしの丘を青く染め、春風とともに心を癒してくれる。見ごろの時季には「ネモフィラハーモニー」と題したイベントが開催され、多くの人が訪れる。
　ネモフィラのほかにも、600種以上が並んで咲くスイセンや、色とりどりのチューリップなどが人気。秋はコキアの紅葉が素晴らしい。

ゴールデンウィークが見ごろ　季節／時間

1	2	3	4	5	6	7	8	9	10	11	12

ネモフィラは5月の大型連休中が最も見ごろだが、混雑するので早い時間に入園したい。

- 花の見ごろ
- スイセン　2月中旬～4月中旬
- チューリップ　4月中旬～下旬
- ネモフィラ　4月下旬～5月中旬
- コキアの紅葉　9月下旬～10月中旬

最新情報はココでチェック

国営ひたち海浜公園
☎ 029-265-9001　所 茨城県ひたちなか市馬渡大沼605-4
開 9:30～17:00(7月21日～8月31日は～18:00、11～2月は～16:30)　休 月曜(祝日の場合は翌日休、無休期間あり)、12月31日、1月1日、2月の第1火曜～その週の金曜　料 410円

かわいらしい青い花に埋め尽くされたみはらしの丘からは、太平洋を眺めることもできる

🚌 駅からの一本道をバスに乗って　交通

勝田駅から海浜公園西口まで茨城交通バスで約20分

みはらしの丘へは西口からが近い。勝田駅からのバスは1時間に2〜3本程度。阿字ヶ浦駅からはスマイルあおぞらバスで海浜公園西口まで約10分、徒歩なら南口で約20分。周辺観光などを予定しているなら、車での移動がおすすめ。ひたち海浜公園ICから車で1分。

✏️ 花と海に魅せられて過ごす　モデルプラン

1日目

午前 混雑を避けるには、午前中に到着したい
国営ひたち海浜公園「西口・翼のゲート」から入場し、10分ほど歩くとみはらしの丘に着く。

午後 広い園内は自転車で風を感じながらまわる
ネモフィラの大パノラマを楽しんだあとは、レンタサイクルに乗ってチューリップやポピーなど、同じく4〜5月が見ごろの花々を見てまわる。園内に点在するカフェで軽食やハーブティーも楽しみたい。

2日目

午前 海沿いの街で観光とグルメを満喫 
アクアワールド茨城県大洗水族館で海の生物に癒される。昼食は那珂湊(なかみなと)おさかな市場で鮮魚を堪能。

午後 太平洋に面した人気アウトレットへ
午後は大洗リゾートアウトレットへ移動し、アウトレット内から出航する遊覧船クルーズを楽しむ。

🏨 **お泊まり情報** 勝田駅前にホテルがいくつかある。水戸へ移動して宿泊するのもよい。

国営ひたち海浜公園のネモフィラ

25 一目百万本の鮮やかさ 高原一面にツツジが咲き乱れる

かつらぎこうげん しぜんつつじえん
葛城高原 自然つつじ園　　奈良／大阪

眼前に広がる真っ赤なツツジの景色 頂上までのトレッキングも楽しめる

　四季折々の自然美が魅力の山で、5月に山を染めるつつじ園が有名。大半を占めるヤマツツジをはじめ、コバノミツバツツジやモチツツジ、ミヤコツツジなどが山頂付近の斜面いっぱいに広がる。遊歩道も整備されているので散策しつつ眺めたい。頂上まではロープウェイの利用が一般的だが、3～4km程度の登山道もあり花々や眺望を楽しめる。

最新情報はココでチェック
御所市観光協会　☎0745-62-3346
所 奈良県御所市1-3

秋や冬の葛城山もおすすめ　季節／時間

1	2	3	4	5	6	7	8	9	10	11	12

ツツジは5月上旬から咲き始め、中旬を過ぎると見ごろに。ツツジ以外にも、9月下旬～10月中旬のススキや1月の樹氷など、一年を通してさまざまな花や自然を楽しむことができる。
花の見ごろ　**ツツジ** 5月中旬～下旬　**ヤマユリ** 7月中旬～下旬　**紅葉** 10月下旬～11月下旬

ツツジ観賞は午前中が狙い目　アドバイス

ツツジが見ごろの5月は、観光客で混み合う。とくに10～14時までがピークで、ロープウェイが数時間待ちという状況も珍しくない。混雑を避けるためには、夕方ロープウェイで山頂へ上がり、葛城高原ロッジで1泊してから、翌日の午前中に観光するプランがおすすめ。

標高約959mの大和葛城山の頂上付近に自生するツツジ。満開時には山肌が真っ赤に染まり迫力がある

🚗 ツツジの時季はバスが増便　　交通

近鉄御所駅から**葛城ロープウェイ前**まで**奈良交通バスで約20分**

バスは1時間に1本程度（通常期は2時間に1本程度）。山頂まではロープウェイ（9～17時で1時間に2本程度）が徒歩。登山道は2コースあり、1時間半～2時間ほどで頂上に到着する。

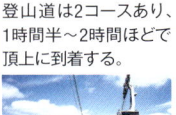

✏️ 奈良の自然と文化を満喫　　モデルプラン

1日目

午前 — **古代豪族も歩いた古道に寄ってから葛城山へ**
御所（ごせ）駅からはバスには乗らず徒歩で葛城山方面へ。途中に葛城古道があり、九品寺などの寺社を参拝。

午後 — **葛城山をトレッキング**
午後から葛城山を登山。見晴らしの良い景色を楽しみつつ北尾根コースを歩く。夜は山頂の高原ロッジに泊まって、鴨料理をいただく。

2日目

午前 — **つつじ園はピークを避けて観光する**
早朝、自然つつじ園に向かい景観を満喫する。昼過ぎには下山し、御所駅周辺で昼食。

午後 — **奈良の街を観光しながら帰路につく**
帰路の途中、西ノ京駅で降りて薬師寺や唐招提寺を拝観。おみやげには葛餅や奈良漬を購入する。

お泊まり情報　御所駅周辺にホテルはない。山頂の葛城高原ロッジが便利で、昼食や入浴のみの利用も可。　　葛城高原 自然つつじ園

26 なだらかな丘陵地に広がる しあわせを呼ぶ黄色の菜の花畑

よこはままちのなのはなばたけ

青森

横浜町の菜の花畑

**見渡す限り鮮やかな黄色が続く
花畑の中心で甘い香りに包まれる**

深緑の季節、下北半島の陸奥湾に面した丘陵地に、色鮮やかな菜の花畑が広がる。観光用ではなく、なたね油を生産するための農家所有の畑。国内でトップクラスの作付け面積を誇り、幸福を意味する黄色の菜の花がこの街に春の訪れを告げる。澄みきった青空と、大地を埋め尽くす黄色のコントラストは訪れる人々を魅了する。

ⓘ 最新情報はココでチェック

横浜町役場　☎0175-78-2111
所 青森県上北郡横浜町寺下35

🍀 5月上旬からが花のシーズン　季節／時間

| 1 | 2 | 3 | 4 | 5 | 6 | 7 | 8 | 9 | 10 | 11 | 12 |

5月上旬から1カ月間が菜の花のシーズン。毎年、5月中旬頃に満開になり多くの人々が訪れる。とくに、5月第3日曜の「菜の花フェスティバル」には混雑はピークに。ゆっくりイベントを満喫するには早めの時間帯に訪れたい。

花の見ごろ　菜の花　5月

🏃! ビッグイベントも開催される　アドバイス

開花期間中に菜の花畑の大迷路(有料)が設けられるほか、5月第3日曜には「菜の花フェスティバル」を開催。マラソン大会、ステージショー、特産品の無料配布などのイベントが行なわれる。

広大な花畑が黄色一色に染まる。菜の花の甘い香りが漂い、思わず深呼吸をしてみたくなる

🚗 駅と菜の花畑は離れている　交通

■ 野辺地駅から陸奥横浜駅までJR大湊線で約30分

大湊線の運行本数は1～2時間に1本。陸奥横浜駅から菜の花畑まで車で約15分。駅前にタクシーはほぼいないので車が便利。陸奥横浜駅からの送迎バスは菜の花フェスティバル当日のみ。

✏️ 期間限定の花シーズンを満喫　モデルプラン

1日目

午前　**混雑を避けて午前中までに到着**
陸奥横浜駅からタクシーを手配して大豆田方面へ。

午後　**広大な菜の花畑の景観や香りを存分に満喫**
黄色い展望台をめざし、菜の花の大迷路の中へ。展望台からは広大な菜の花畑や陸奥湾が見渡せる。ヘリコプター遊覧飛行もおすすめ（イベント日限定）。道の駅 よこはまで食事やおみやげ購入もできる。

2日目

午前　**現代アートと縄文文化を身近に感じる**
ユニークな企画で注目の青森県立美術館や、縄文体験できる特別史跡三内丸山遺跡へ。

午後　**獲れたての魚介を味わう**
帰り際に、青森駅前のFestival City Auga新鮮市場で新鮮な魚介を堪能しよう。

🛏 **お泊まり情報**　宿泊施設は、青森駅、八戸駅周辺が充実しているので、1日目の観光が終わったら移動をしよう。　横浜町の菜の花畑

27 戦国期の遺跡が雲海に浮かぶ「日本のマチュピチュ」

兵庫

たけだじょうせき
竹田城跡

「虎臥(とらふす)城」とも呼ばれる竹田城跡の全景。少し離れた立雲峡という展望台から眺められる

竹田城跡

1. 室町時代中期の1443（嘉吉3）年に山名宗全が築城し、最後の城主、赤松広秀が現在のような石垣の城郭を造り上げたと伝わる。晴れわたった城下の眺望も見事
2. 雪が積もった姿も美しいが、足元には要注意
3. 運が良ければ桜の季節に雲海が出ることも

早朝だけ雲間からのぞく姿は幻の世界から現れたような神々しさ

　但馬地方南部の山里にひっそりとたたずむ竹田城跡は、廃城から400年以上が経った今も、遺構をほぼ完全な形で残す全国でも稀な山城跡。天守台は標高353.7mにあり、「穴太積み」の石垣が特徴の縄張りは南北400m、東西100mという規模を誇る。城郭史的にも見応えがあるが、竹田城跡のいちばんの魅力は、雲海に包まれたそのドラマチックな姿にある。秋になると周辺の谷で朝霧が発生し、城跡のある山頂だけが雲上から顔を見せるのだ。その様子はさながら「日本のマチュピチュ」。雲海が出るかどうかは天候次第だが、神秘的な姿をひと目見ようと、早朝から多くの人が訪れる。

ⓘ 最新情報はココでチェック

情報館 天空の城
📞 079-674-2120
📍 兵庫県朝来市和田山町竹田363
朝来市役所産業経済部竹田城課
📞 079-672-6141

🍀 気象条件が整った日に出現　季節／時間

| 1 | 2 | 3 | 4 | 5 | 6 | 7 | 8 | 9 | 10 | 11 | 12 |

雲海が出やすいのは9〜11月の明け方から午前8時頃。よく晴れて風が弱く、日中と夜の気温差が大きいことが条件となる。3日以内に雨が降っているといっそう発生しやすい。冬も徒歩で登城可能だが、積雪して危険。一切の車両が通行止めになる。

花の見ごろ 🌸 桜　4月上旬〜中旬

❗ おもな展望スポットは2カ所　アドバイス

絶景の観賞法は竹田城跡に直接登るか、立雲峡（りつうんきょう）から全景を望む2つの方法がメイン。2カ所の移動には1〜2時間かかるので、どちらを優先させるのか事前に決めておきたい。立雲峡の駐車場へは自家用車で行けるが、竹田城跡は途中の「山城の郷」まで。竹田駅周辺の駐車場の利用も併せて検討したい。

絶景アドバイザー

吉田さん（写真家）

標高約354mとはいえ、山登りになるので準備は必要です。雲海が出やすい秋と桜が咲く春が混雑します。城跡や立雲峡からの眺めも良し、城跡の北西にある藤和峠からの眺めもまた良しです。たばこなどの火気やペット連れの入城は控えましょう。

天空の城

天にそびえる日本の山城　ロマンあふれる山々の城跡をたどる

卑弥呼の時代にも山城があった

　日本の城は築かれる地形によって山城、平山城、平城などに分かれる。竹田城や備中松山城（→P.92）は中世・近世の山城だが、山城の歴史は、古くは魏志倭人伝に記された"倭國乱"との関連が指摘される弥生時代の高地性集落＝「弥生の山城」（森浩一著『日本神話の考古学』）や、桃太郎の"鬼退治"伝説で知られる岡山県総社市の鬼ノ城などの古代山城にも見られる。戦国時代の山城は山全体を土塁や空堀などで要塞化し、各所に「トラップをしかけて迷宮化」（萩原さちこ著『戦国大名の城を読む 築城・攻城・籠城』）したもので、それは「土木工事を駆使して山全体に起伏や障害物を設けた、いわばフィールドアスレチックのようなもの」（同上書）だという。当時の城の姿に思いを馳せながら歩きたい。

亀山の山頂に築かれた越前大野城。織田信長の家臣・金森長近が築城した〈撮影：佐々木 修〉

残存する山城が少ないのはなぜ？

　華麗な安土城は分類的には山城だが、その意義は軍事的というより、権威を象徴する存在だといえるだろう。この革命的城郭の築城以降、戦国山城は衰退し、さらに信長と秀吉によって「破城」（不要な城の破壊）という施策が進められ、のちに江戸幕府による一国一城令の発令につながっていく。

登山道は歩きやすい格好で　交通

- 姫路駅から竹田駅までJR播但線（寺前駅で乗り換え）で約1時間30分
- 和田山ICから立雲峡まで車で約10分

　竹田城跡へは、竹田駅から徒歩で40〜60分かけて登山道を登るか、中腹駐車場までタクシーを利用（期間限定で日中は「天空バス」も運行し、そこから約20分歩く。中腹駐車場手前の「山城の郷」まで車で行く方法もあるが、この場合も天空バスに乗り換えるか、徒歩で中腹駐車場まで行く必要がある。立雲峡では、一番高いビューポイントまで駐車場から約50分歩く。

当日は夜明け前に行動開始　モデルプラン

1日目 午前：姫路市内を観光したあと、レンタカーで竹田へ向かう
姫路到着後、すぐにレンタカーを借りてもいいが、観光スポットの姫路城や好古園は姫路駅から徒歩圏で、バスも運行している。午後から借りても問題ない。

1日目 午後：竹田の街並散策と絶景ポイントの下見にあてたい
竹田に到着したら城下町をひと巡り。観光案内所の「情報館 天空の城」もある。明るいうちに竹田城跡への登山道や立雲峡への道のりを確認しておいてもいい。宿泊は竹田駅周辺か、ひと駅隣の和田山駅周辺で。

2日目 午前：明け方に宿を出発し、立雲峡をめざす
雲に浮かぶ城跡全体の姿を見るため、日の出前には立雲峡に待機。雲海を見たあと竹田城跡へ行く。遠望ではなく竹田城跡で雲海を見る場合、駐車場「山城の郷」は朝8時からなので、徒歩で行くしかない。

2日目 午後：絶景のあとは名湯をじっくり堪能
1時間ほど車で北へ移動すれば城崎温泉へ到着。温泉街を散策したら、湯浴みで早起きした疲れを癒したい。

お楽しみワンポイント♪

但馬の松葉ガニ
ズワイガニのことで、但馬地方の11月〜3月末の味覚。城崎温泉などではカニ料理の宿泊プランが豊富に揃う。

出石皿そば
朝来市の北に位置する街・出石の名物。そばが皿に小分けになって出てくるのが特徴。

立ち寄りスポット

7つの外湯巡りを楽しみたい

城崎温泉　きのさきおんせん

竹田駅から播但線・山陰本線で約1時間

関西でも指折りの名湯で、柳並木の川の両岸に風情ある温泉街が広がる。浴衣での外湯巡りや、名物の松葉ガニを使った料理が人気。

お泊まり情報　雲海を見るなら竹田駅や和田山駅周辺での前泊が無難。やや距離のある城崎温泉は後泊がおすすめ。

28 430mの高さを誇る 雲の上に浮かぶ荘厳な山城

岡山

備中松山城
（びっちゅうまつやまじょう）

「おしろやま」の頂に鎮座する
日本三大山城のひとつ

　高梁市街地の北端、4つの峰をいただく臥牛山（がぎゅうざん）にそびえる山城。現存天守を持つ山城のなかで、最も高い標高430mの小松山山頂に建つ。鎌倉時代、備中国有漢郷の地頭・秋庭三郎重信（びっちゅうのくにうかんごう）（あきばさぶろうしげのぶ）が築城し、1683（天和3）年、水谷勝宗（みずのやかつむね）により修築。山陰と山陽を結ぶ要衝であったことから、戦国時代は争いが絶えず、城主交代が繰り返されたという。

🛈 最新情報はココでチェック

（一社）高梁市観光協会　📞0866-21-0461
🏠岡山県高梁市横町1694-4

🍀 雲海の出る早朝がおすすめ　季節／時間

1	2	3	4	5	6	7	8	9	10	11	12

天守や備中松山城を望む展望台は通年訪れることができる。展望台から雲海に浮かんだ天守を見る場合は、9月下旬から4月上旬がおすすめ。なかでも10月下旬から12月上旬にかけては、濃い朝霧が発生する確率が高い。

👣 展望台へは車で向かう　アドバイス

展望台は国道484号から臥牛山方面に向かって北に約4kmのところに位置。車利用が必須だが場所がわかりづらいので観光協会に問い合わせよう。冬場は雪で足元が悪くなる。付近にはトイレがないうえ、野生の猿と遭遇することもあるので注意。

朝日を浴びた天守に、神々しく押し寄せる雲海。展望台から望む景色

週末のマイカー規制に注意する　交通

- 賀陽ICからふいご峠まで車で約30分
- 岡山駅から備中高梁駅までJR伯備線特急やくもで約35分

3月～12月第2週の土・日曜、祝日はふいご峠とその手前の城見橋駐車場を結ぶシャトルバスが運行。期間中、車の乗り入れは城見橋駐車場まで。備中高梁駅からふいご峠までは乗合タクシーも出ている。

展望台へは2日目に行く　モデルプラン

1日目

午前　**車とシャトルバスを利用し備中松山城へ**
城見橋駐車場に車を停めて、シャトルバスでふいご峠へ。そこから約20分の登山をし、天守に到着。

午後　**ベンガラの町・吹屋でのんびりドライブ観光**
城見学のあとは、城下町を散策。続いて車で吹屋へ向かい、赤いベンガラ漆喰壁の街並を歩く。笹畝坑道やベンガラ館などがある吹屋ふるさと村を観光し、備中高梁駅周辺に戻って1泊。

2日目

午前　**展望台から雲海に浮かぶ備中松山城を見納め**
早朝に車で雲海スポットの展望台へ向かう。朝霧に昇る朝日と、雲の上に浮かんだ天守を目に焼きつけよう。昼前には倉敷へ出発する。

午後　**備中松山城から車で約1時間の倉敷へ**
倉敷美観地区を楽しんでから帰路につく。

お泊まり情報　備中高梁駅から徒歩圏内にビジネスホテルや旅館が数軒ある。

備中松山城

29 | 真っ青な海と多島美を望む
本州と四国をつなぐ美しき海道

広島／愛媛

しまなみかいどう
しまなみ海道

ココ

亀老山展望公園から一望できる来島海峡大橋は、しまなみ海道を象徴する景色だ

[1] 全長約4kmの来島海峡大橋。世界初の3連吊り橋としても名高い
[2] 潮風を浴び、美しい自然とともにサイクリングができる。多くのサイクリストから人気を誇る
[3] 因島と向島を結ぶ、因島大橋。夕暮れどきも美しい

観光スポット満載の島を橋梁が結ぶ
交通手段が選べるのも魅力的

　尾道と今治を結ぶ全長約60kmに及ぶ自動車道。尾道から向島、因島、生口島が広島県、大三島、伯方島、大島、今治が愛媛県に属する。島々を結ぶ橋には、車道だけでなく自転車と歩行者の専用道路が併設されていて、サイクリングやウォーキングも楽しめる。日本初の海峡を横断する自転車道として知られ、国内はもちろん、海外のサイクリストにも人気。設備も整っておりレンタサイクルのターミナルは15カ所、すべてのターミナルで自転車の乗り捨てが可能だ。大島、向島にある展望台や因島の白滝山などからは、「日本のエーゲ海」と称される美しい瀬戸内海の眺望が開ける。

最新情報はココでチェック

尾道駅観光案内所 ☎0848-20-0005 所 広島県尾道市東御所町1-1
瀬戸田町観光案内所 ☎0845-27-0051 所 広島県尾道市瀬戸田町沢200-5
今治地方観光情報センター ☎0898-36-1118
所 愛媛県今治市北宝来町1-775（JR今治駅）

春・秋なら快適に自転車旅 季節／時間

1	2	3	4	5	6	7	8	9	10	11	12

一年を通して四季折々の景色が楽しめる。サイクリングの場合は、4～5月、9～10月などが過ごしやすく人気。この期間にはサイクリングのイベントも開催されている。夜間の走行は控えたいので、ライトアップを見るなら車が無難。

サイクリングなら1泊したい アドバイス

自転車で横断する場合、橋以外はしまなみ海道ではなく各島の一般道を走行する。ゆっくり走ると10時間ほどかかるので、途中の島で観光がてら1泊するのもいい。自分に合ったペース配分で、左側通行やスピードを出しすぎないなどマナーを守って走行しよう。人気の展望台は大島の南端にある亀老山展望公園で、来島海峡大橋と島々のパノラマが望める。

絶景アドバイザー

瀬戸内海の多島美を楽しむ絶景ポイントが島々の隋所にあります。山々の展望台から、海岸から、橋の上からなど、自分だけの絶景ポイントを探してください。自動車もいいですが、おすすめはサイクリングです。

吉井さん（ミス尾道）

自分に合った乗物で横断　交通

- 広島駅から西瀬戸尾道ICまで車で約1時間10分
- 松山空港から今治北ICまで車で約1時間20分

車の場合、西瀬戸尾道ICから今治ICまでの間にインターは3つ、出入り方向が制限されているハーフインターは8つあり、通り抜けると所要約50分。自転車は橋梁部のみ、しまなみ海道を利用でき através通行料は50～200円と橋により異なる。しまなみライナーなど高速バスも運行。

尾道からサイクリングで横断　モデルプラン

1日目

午前　今治をめざして出発! 
尾道で自転車を借り、尾道駅前から渡船に乗り5分ほどで向島へ。向島と因島を結ぶ因島大橋へ向かう。

午後　島全体が美術館の生口島で1泊
生口島名物のタコ飯をランチにいただいたあとは屋外アート作品がたくさんある島内を散策。室町時代に造営された向上寺の三重塔などを見て、旅館へ。

2日目

午前　いよいよ愛媛県! 大三島へ向かう 
大三島に入ったら30分ほど走行して日本総鎮守と呼ばれる大山祇神社へ。参拝したら伯方島を通過し大島へ向かう。

午後　大島～今治へ、いっきにゴールへ
大島の新鮮な魚介を堪能してから、大島の南端にある亀老山の山頂に設置されている展望台へ登り、来島海峡大橋を一望。そこから今治駅までは約1時間。

お楽しみワンポイント♪

瀬戸田レモン
生口島は、国産レモン発祥の地で、生産量は全国トップ。レモンを使ったスイーツはおみやげに最適。

サイクリング
レンタサイクルのターミナルが点在し、乗り捨ても可能。約1500台の用意があるが、ゴールデンウィークなどは午前中の早い時間になくなることもあるので注意したい。

潮流体験 
最大10ノットにもなる潮流が激しく渦巻くなかをかき分けて進む迫力満点なクルージング体験。
能島水軍　営 9:00～16:30　休 月曜（祝日の場合は翌日休）　料 1000円

地図注記：
- 2階建て構造になっていて、自転車は下段の道を走る。景色はあまり見えない
- 島全体に彫刻作品が点在しており、「島ごと美術館」と呼ばれている
- 全国にある山祇神社の総本社
- 鳥が羽を広げたような形の斜張橋
- 潮流のなかを進むスリルを味わえる、潮流体験ができる
- ライトアップされた橋や今治の夜景も望める
- しまなみ海道一の長さを誇る。橋の上からは、来島海峡が一望できる

自転車の橋梁部通行料
基本は来島海峡大橋200円、多々羅大橋100円、ほか各50円。2015年3月31日まで無料。2015年4月1日以降は未定。

立ち寄りスポット

島の風景と調和した現代アートがたくさん
島ごと美術館　しまごとびじゅつかん
西瀬戸尾道ICから車で約20分 
生口島にはいたるところに彫刻がある。作家自身が設置したい場所を選び、そこからイメージして作品を制作しているので、島ごと美術館と呼ばれている。

絶好の写真スポット! ご当地グルメも豊富な道の駅
道の駅 多々羅しまなみ公園　みちのえき たたらしまなみこうえん
大三島ICから車ですぐ 
潮風を感じながら多々羅大橋を一望できる、絶好のビュースポット。のんびりとした爽やかな公園。特産品センターなどもあり、おみやげ探しや休憩にぴったり。

お泊まり情報　各島々に旅館や民宿などがあるので、ルートが決まっている場合は早めに予約しよう。

30 海を背景に高山植物が咲き誇る
奇跡が生んだ花の楽園

北海道

礼文島
れぶんとう

島の西側、召国付近からは澄海岬とゴロタ岬を望むことができる。足元にはいたるところに高山植物が見られる

特異な自然環境によって
海抜0m付近に高山植物が咲き誇る

　稚内の西60kmに位置する日本海側で最北の離島。「花の浮島」の名でも親しまれている。夏になると島内には300種類もの花々が咲き、本州では標高2000m以上でしか見られない稀少な高山植物を観賞することができる。風が強いこの島では雪が風に飛ばされるため、冬でも積雪することが少ない。冷たい風にさらされた地面は奥深くまで凍結し、寒さに強い高山植物が根を張るようになった。レブンアツモリソウなど、ここでしか見られない珍しい花々もあり、開花時期になると島は多くの観光客で賑わう。島内のトレッキングコースを散策し、短い夏を彩る花々を眺めたい。

最新情報はココでチェック

- 礼文島観光協会　☎0163-86-1001
  所 北海道礼文町香深村 トンナイ礼文町役場産業課
- 礼文島観光案内所　☎0163-86-2655
  所 香深フェリーターミナル内(4月～10月中旬のみ開設)

1 晴れた日にはそびえ立つ利尻山を見渡せる。イブキトラノオなどの高山植物の姿は可憐でもあり、どこか力強さも感じる
2 元地灯台近辺では、ヒオウギアヤメやレブンキンバイなどの高山植物が見られる
3 運が良ければアザラシが見られるスコトン岬

開花のピークを狙って　季節／時間

1	2	3	4	5	6	7	8	9	10	11	12

最も多く花が咲くのは5月下旬～7月中旬だが、天候は不安定で晴れる日は少ない。7～9月は晴天が増え青空と海の景色を楽しめるが花は少なくなる。この時季はウニ、昆布、ホッケなど海の幸もおいしい。

- 花の見ごろ
- レブンアツモリソウ　5月下旬～6月
- レブンウスユキソウ　6～8月

トレッキングで花々を楽しむ　アドバイス

高山植物が美しいトレッキングコースは6つあり、3kmの初心者コースから、8kmある上級者コースまでさまざま。険しい道が続くコースもあるので、自分の体力に合わせて選ぼう。歩くときは周りの植物や生物を傷つけないようマナーを守ろう。

絶景アドバイザー

中島さん(礼文島観光案内所)

東海岸から望む利尻島や西海岸の奇岩と夕景、高山植物の群生など多くの絶景があります。海上から西海岸を眺めるクルーズやウニ剥き体験もおすすめです。風が強く、朝夕は気温が低く冷え込むので、ウインドブレーカーがあるといいでしょう。

島内の移動はレンタカーで　　交通

■ 稚内港から香深港までフェリーで約1時間55分

稚内港と香深港を結ぶフェリーの便数は時期により異なり、4月～10月末までは1日4便、そのほかの時期は1日2便運航している。島内での移動はレンタカーが便利だがガソリン代は高め。観光バスツアーに参加する方法もある。

島内の自然と美食を満喫　　モデルプラン

1日目 午前　香深港に着いたらレンタカーでドライブ
車で金田ノ岬、スコトン岬、澄海岬と巡り、高山植物園へ。ここでは礼文島特有の高山植物が見られる。

1日目 午後　お昼はウニ丼を堪能
名物のウニ丼を堪能したあと、桃台猫台から桃岩と猫岩を見る。元地海岸で夕日を観賞。夕食は新鮮な海鮮料理を楽しみたい。

2日目 午前　トレッキングで高山植物を見る
香深港近くから知床までの桃岩展望台コースをトレッキング。元地灯台までの道は高山植物の宝庫。不安な人はツアーを申し込み、ガイドと一緒に散策を。

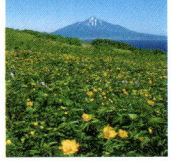

2日目 午後　おみやげも忘れずに
漁協オリジナルの水産加工品はおみやげにおすすめ。

立ち寄りスポット

桃の形をした岩は人気の撮影スポット
桃岩展望台　ももいわてんぼうだい
香深港から車で約15分
桃岩付近の野生植物は北海道の天然記念物に指定されている。天気が良ければ利尻島も望むことができる。

透き通った海と可憐な花が美しい
澄海岬　すかいみさき
香深港から車で約50分
透明度が高く美しい入り江は必見。青い海と色彩豊かな花のパノラマが広がる。

地図上の注記

- **スコトン岬**：礼文島最北端の岬で、晴れた日にはサハリンが望める。ゴロタ岬、澄海岬、浜中を結ぶ岬巡り散策コースのスタート地点
- **久種湖**：春にはミズバショウが咲く。渡り鳥が多く、バードウォッチングも楽しめる。湖を一周する遊歩道も整う
- **高山植物園**：レブンアツモリソウなどを育成。高山植物に関する資料も揃う。11～5月は休館
- **澄海岬**：晴れた日には透明度が増し、青々と透き通る
- **礼文岳**：標高490m。頂上からは360度景色が楽しめる
- **礼文林道**：香深港から北約5kmに位置する集落。礼文林道元地口へと続く礼文林道散策コースの入口
- **礼文滝**：礼文林道コースから滝まで行ける
- **地蔵岩(元地海岸)**：高さ50mにもなる尖塔状の岩。元地海岸へ向かう途中のメノウ浜では、メノウ石が拾えることも
- **桃台猫台**：桃岩と猫岩を眺められる展望台
- **北のカナリアパーク**：礼文島南東に位置する利尻島が望めるスポット
- **知床**：礼文島最南端の集落。知床と香深を結ぶ桃岩展望台散策コースは知床から出発すると登りが少なく、初心者におすすめ

お楽しみワンポイント♪

ウニ丼
利尻昆布を食べて育った礼文のウニは絶品。濃厚な甘さのエゾバフンウニは生でいただきたい。

ほっけ ちゃんちゃん焼
脂がのり、旨みが凝縮した新鮮な根ボッケにネギ味噌をのせていただく、この島の伝統的な料理。

お泊まり情報　南部と北部の海岸沿いに旅館や民宿が多い。シーズン中はすぐ満員になるので早めの予約を。

礼文島

31 一日に七色に変化するという海 真珠筏もアクセントを添える

三重

英虞湾
あごわん

湾の眺めを堪能するなら展望台へ
遊覧船なら入り組んだ海岸を実感

　志摩半島の南端に位置するリアス式の海岸線に囲まれた内海で、賢島（かしこじま）をはじめ60ほどの島々が浮かぶ。島々と複雑な岬が生み出す絶景は、小高い山の中腹にある横山（よこやま）展望台から一望できる。刻々と変化する夕景を見るなら、東側のともやま展望台へ。真珠の養殖地として有名だが、近年はより環境を意識した里海創生の活動も盛んだ。

i 最新情報はココでチェック
横山ビジターセンター　☎0599-44-0567
所 三重県志摩市阿児町鵜方875-24（横山園地）

🍀 冬はクリアな眺めを期待　季節／時間
| 1 | 2 | 3 | 4 | 5 | 6 | 7 | 8 | 9 | 10 | 11 | 12 |

特別に季節を問わないが、空気の澄んだ冬のほうがよりクリアな眺望が期待できる。湾内クルーズ船に乗るなら、春や秋など気候が穏やかな時季もおすすめ。

⚠ 複数ある展望台から選んで　アドバイス

鵜方駅の西にある横山園地には、横山展望台をはじめ4つの展望台がある。横山展望台へはスロープが整備されており、車いすでも上れる。パノラマ展望台からは富士山が見えることがある。賢島エスパーニャクルーズや賢島遊覧船組合の遊覧船が賢島駅近くの港から出航しており、海からの眺望も楽しめる。

伊勢志摩国立公園の一部で複雑な海岸線が美しい。島々の間を埋め尽くすように真珠養殖の筏が浮かぶ

鵜方駅を拠点に散策 〔交通〕

伊勢西ICから横山展望台まで車で約40分

鉄道なら近鉄特急を利用し、大阪方面からは鶴橋駅乗車、鵜方駅下車。名古屋方面からは近鉄名古屋駅乗車、鵜方駅下車。鵜方駅から横山展望台までは車で約15分。ともやま展望台へは鵜方駅から車で約25分。鵜方駅からレンタカーを利用すると便利だ。

海の色の変化に見とれる 〔モデルプラン〕

1日目 午前 レンタカーで時間の束縛なく自由に動き回りたい
鵜方駅到着後はレンタカーで移動。横山展望台へ。さらに上にある展望台へと行ってみるのもいい。昼は郷土料理てこね寿司を賞味。

1日目 午後 遊覧船乗場のある賢島へ。湾内島巡りを楽しむ
賢島エスパーニャクルーズと賢島遊覧船組合の船があるので、航路や出航時間などを考慮して選びたい。夕方はともやま展望台で夕日に感動。時間があれば、大王埼灯台などへ足を延ばそう。宿泊は湾に面した宿に。

2日目 午前 寄り道をして伊勢神宮にお参り
早起きをして早朝の英虞湾を見納める。伊勢へ移動。式年遷宮を終えた伊勢神宮に参拝。

2日目 午後 賑わう門前町で、グルメやおみやげ探しを
おはらい町やおかげ横丁に立ち寄ってから帰る。

お泊まり情報 湾を望むリゾートホテルが賢島や英虞湾沿いにある。志摩半島にはオーシャンビューや海鮮自慢の宿が多い。

32 豊かな自然と独自の文化をはぐくみ
数多くの景勝地を持つ島

さどがしま
佐渡島

新潟

巨大な一枚岩である大野亀の傾斜地に咲き誇るトビシマカンゾウが夏の訪れを告げる

佐渡島

1 高さ30mほどの断崖が続く尖閣湾。遊覧船などで海上から見上げることもできる
2 約300年の歴史を持つ佐渡の棚田
3 2匹の亀が横たわるように見えることから名付けられた二ツ亀。手前は海水浴場になっている

北部には大佐渡山脈がつくり出すダイナミックな景勝地が多い

　島の海岸線は280kmほどあり、離島としては沖縄本島に次ぐ広さを誇る。島の景観も山脈が延びる北部と南部、穀倉地帯の国仲平野が広がる中央部で異なり、また豊かな植物相が維持されている。

　北部の外海府海岸沿いには奇岩・巨岩などが多く、なかでも標高167m、海にせり出した一枚岩である大野亀は雄々しく圧巻。岩の頂上付近まで歩いて行くことができ、そこからの眺望も素晴らしい。南部は比較的穏やかな景観が広がる。溶岩からなる岩礁地帯で変化に富んだ景観で有名な小木海岸には岩ユリの花が彩りを添える。周辺には、船大工の街として名高い宿根木の家並や、たらい舟の乗船体験ができるスポットなどもある。

最新情報はココでチェック
佐渡観光協会　両津港案内所（佐渡汽船ターミナル内）
℡0259-27-5000　新潟県佐渡市両津湊353
※観光案内所は、相川、真野湾、小木町にもある

四季折々の魅力にあふれる　季節／時間

1	2	3	4	5	6	7	8	9	10	11	12

山間部を除き降雪量は多くないので通年で楽しめる。大野亀はトビシマカンゾウが咲く初夏がおすすめ。冬はブリや甘エビ（南蛮エビ）など海の幸が美味。夏は海水浴や夏祭りで賑わう。

花の見ごろ　**雪割草** 3月下旬〜4月下旬　**キクザキイチゲ** 4月上旬〜5月下旬　**カタクリ** 4月下旬〜5月中旬
トビシマカンゾウ 6月上旬〜中旬

散策は動きやすい格好で　アドバイス

大野亀や二ツ亀、大佐渡石名天然杉遊歩道などでは、傾斜地を歩くこともあるので、運動靴や動きやすい格好で訪れたい。島をドライブする際は、細い道やカーブも多いので注意を。ゴミは持ち帰るなど、自然を汚さないようマナーを守ろう。

絶景アドバイザー

佐渡観光協会のみなさん

佐渡は四季を通して楽しむことができますが、やはりトビシマカンゾウに彩られた大野亀がおすすめです。2011（平成23）年にできた大佐渡石名天然杉遊歩道では、数々の天然杉の巨木を見ることができて、佐渡の自然の豊かさが実感できます。

両津港～新潟港は便数が多い　交通

新潟港から**両津港**まで**ジェットフォイル(高速船)**で約1時間5分

高速船やフェリーが新潟港～両津港間を頻繁に運航している。寺泊～赤泊、直江津～小木も航路はあるが本数は多くない。島内各地は路線バスで結ばれているが、レンタカーを利用したほうが便利だ。

お楽しみワンポイント♪

★ 力屋観光汽船
女船頭さんが漕ぐたらい舟に一緒に乗ったり、教わりながら自分で漕ぐことができる。
- 営 8:20～17:00 ※時期により異なる
- 休 無休
- 料 500円

★ 尖閣湾揚島観光 海中透視船
海中透視船(グラスボート)で、入り組んだ海岸線の景観はもちろん、舟底からは海底の様子も観察できる。
- 営 8:00～17:30 15分間隔で運航 ※時期により異なる
- 休 12月～3月上旬
- 料 1100円(尖閣湾揚島遊園の入場料含む)

★ 薪能(たきぎのう)
神社の能舞台など屋外で、地元の人と一緒に見学できる。日程は観光協会ウェブサイトで確認。6～7月は開催回数も多い。

1泊2日で島内周遊　モデルプラン

1日目 午前
午前中、早めの船で両津港へ 
新潟港からジェットフォイル(高速船)で両津港へ移動。レンタカーで、トキを間近に見られるトキの森公園をめざす。

1日目 午後
自分でたらい舟をこいでみる
小木へ向かい、たらい舟を体験。千石船と船大工の里・宿根木を散策。宿泊は佐渡金山に近い相川地区の宿へ。

2日目 午前
時間があれば、尖閣湾では海中透視船にも乗りたい
佐渡金山を見学。坑道内には2つの見学コースがあるほか、金山に関連する産業遺産も多く見応えがある。その後、尖閣湾に立ち寄り、展望台からの眺望を堪能。

2日目 午後
最後は絶景のハイライト、大野亀&二ツ亀
大野亀は眺めるだけでも感動的だが、時間があれば散策したい。島の北端にある二ツ亀に立ち寄り、最終便に間に合うように両津港へ。二ツ亀から両津港までは、移動に1時間ほどみておきたい。

- 駐車場から望めるが、階段や坂を下りて海岸に出ることもできる → 二ツ亀
- 周辺の道は細く、カーブも多いので注意 → 大野亀
- 大佐渡石名天然杉遊歩道
- 外海府海岸
- 内海府海岸
- ドンデン高原
- 尖閣湾揚島観光海中透視船 → 尖閣湾
- 佐渡島
- 金北山
- 姫埼灯台
- 両津湾
- 両津港
- 天領佐渡両津薪能(椎崎諏訪神社)
- 佐渡空港
- 加茂湖 → 島内で最も広い湖。汽水湖で、カキの養殖でも知られる
- 弁慶岩・相川
- 佐渡金山
- トキの森公園 → トキを間近に観察できる施設や資料館などもある
- 七浦海岸
- 佐和田
- 真野湾
- 妙宣寺
- 小倉の千枚田 → 江戸時代に開かれた棚田。一度荒廃田となったが復元された
- 赤泊港
- 宿根木
- 力屋観光汽船
- 小木港
- 小木海岸
- 直江津港
- 寺泊港
- 0 10km

立ち寄りスポット

近代日本を支えた鉱山を知る
佐渡金山 さどきんざん 
両津港から車で約1時間

江戸時代に掘られた「宗太夫坑」と明治以降の「道遊坑」が見学できるほか、資料館などもある。麓の北沢地区にも多くの産業遺産が残されている。

千石船と船大工の里
宿根木 しゅくねぎ 
両津港から車で約1時間10分

北前船の寄港地として栄えた地域で、石畳の路地沿いには、板張りの外観をした2階建ての家屋が軒を連ね、独特の景観をつくり出している。

お泊まり情報　島の中央部にある佐和田地区や西部の相川地区に、さまざまなタイプのホテルや旅館が集まる。

33 雄々しい姿をした絶海の孤島
活火山の噴火口にも暮らしがある

東京

青ヶ島
あおがしま

日本一人口が少ない村は
太平洋に浮かぶ東京都帰属の離島

　東京から南へ約360km、伊豆諸島最南端に位置する島。二重式カルデラ火山の8合目から上が「島」となり、約170人の村民が暮らしている。最高所は外輪山の大凸部（おおとんぶ）（標高423m）で、内輪山である丸山など周囲が一望できる。火山島のため、水蒸気が噴出する噴気孔が数多くあり、その熱を利用したサウナや地熱釜は今でも利用されている。

ℹ️ 最新情報はココでチェック
青ヶ島村役場　📞 04996-9-0111
所 東京都青ヶ島村無番地

🍀 温暖で蒸し暑い南洋の島　季節／時間

1	2	3	4	5	6	7	8	9	10	11	12

年間平均気温は10～25℃程度、一年を通して湿度は高いが、居住地区は高台にあるため過ごしやすい。台風が多い秋、海が荒れやすい冬、霧が発生しやすい梅雨の季節は島へのアクセスも困難を極めるのでプランニングには注意したい。島が最も賑わうのは、夏祭りである「牛祭り」が開催される8月10日前後。

❗ 全景はヘリコプターから一望　アドバイス

上空から島を眺めるためには、八丈島との往路か復路で「東京愛らんどシャトル」のヘリコプターを利用する。通常の空路で見える景色は右写真のような角度になる。

洋上の極楽秘島

要塞を彷彿させる断崖に覆われた島。天明の大噴火(1785年)で無人化したが、今では約170人が暮らす

1 ヘリポートから近い、島の北部に集落があり、小中学校や民宿、郵便局など暮らしの基盤が集まっている
2 3 地熱釜では、卵やジャガイモなど、あらゆるものを蒸すことができるという
4 島では水蒸気が噴出している場所を「火の際」が訛って「ひんぎゃ」と呼ぶ

※島の航空写真(左)は、通常の飛行ルートとは異なるアングルから撮影したものです

島への上陸は天候次第 〈交通〉

ヘリコプターで約20分

羽田空港から八丈島空港まで飛行機で約55分 ➡ 八丈島空港から青ヶ島ヘリポートまでヘリコプターで約20分

東京愛らんどシャトルは定員9名のため、早めの予約を。フェリーの場合、東京・竹芝桟橋から八丈島へ向かい(所要約11時間)、あおがしま丸に乗り換え青ヶ島をめざす(所要2時間45分)。島内に公共交通機関はなく、レンタカーを利用するか宿に相談を。

名所で知る自然と歴史 〈モデルプラン〉

1日目
午前 **まず羽田から八丈島へ向かう**
羽田を朝出発し、八丈島を経て青ヶ島に到着。

午後 **レンタカーで島の風景を見に行く**
レンタカーを借りて島内を巡る。岡部地区にある尾山展望公園や大凸部などを巡り、丸山など島の景色を見学。夜は島北部のジョウマンから星空を楽しみたい。

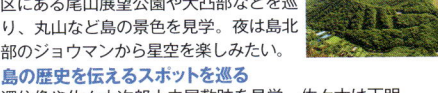

2日目
午前 **島の歴史を伝えるスポットを巡る**
還住像や佐々木次郎太夫屋敷跡を見学。佐々木は天明の大噴火後に島の復興を図った中心人物だ。

午後 **島内にあるお店に立ち寄り**
島内唯一の店を訪れ、おみやげ探し。地熱を利用したサウナにも行きたい。夜は島内に2軒しかない居酒屋へ。

3日目
午前 **八丈島を経由して東京へ戻る**
空路、航路も天候次第。延泊を含め余裕のある日程を。

お泊まり情報 島の中心部に民宿が5軒、キャンプ場が1カ所ある。島に食堂はないので、民宿は1泊3食付が基本だ。

34 | 大小無数の島々が浮かぶ 箱庭のような景勝地

まつしま　　　　　　　　　宮城
松島

2007(平成19)年にその特異な地形から日本の地質百選に選定された。月見の名所としても有名

1 大高森の展望台からの景色は松島湾を箱庭のように眺められることから「壮観」と称される
2 伊達政宗のお気に入りの島だったといわれている千貫島
3 五大堂の由来は、五大明王像が安置されていることからきている

宮島、天橋立と並ぶ日本三景のひとつ 4つの展望スポットが点在している

　穏やかな海面に大小260余りの島々が浮かぶ松島湾。島々には松が植生し、海と松とのコントラストが風光明媚な景観をつくり出す。その美しさから、松尾芭蕉をはじめ多くの歌人が松島についての歌を残している。この特異な地形は、地盤の沈下と海面の上昇により、5000年ほど前に現在見られるような姿になったといわれている。松島四大観の名で知られる展望スポットは、湾を囲むように点在。眺望の印象から、大高森は「壮観」、富山は「麗観」、多聞山は「偉観」、扇谷は「幽観」と呼ばれ、それぞれに異なる風情が楽しめる。多島の美しさを間近で体感するには、五大堂付近の桟橋から出航する遊覧船を利用したい。複数ある遊覧船のなかには塩釜まで行くコースの船もある。

最新情報はココでチェック
(一社)松島観光協会　022-354-2618
所 宮城県宮城郡松島町松島町内98-1

春の桜、秋の紅葉を堪能する　季節／時間

1	2	3	4	5	6	7	8	9	10	11	12

一年を通して楽しめるが、4月中旬～5月上旬の桜の季節と11月中旬～下旬の紅葉の季節がとくにおすすめ。桜は西行戻しの松公園、紅葉は扇谷がベストスポット。 
花の見ごろ　桜　4月中旬～5月上旬

大高森からの眺望は必見　アドバイス

松島四大観のなかでも、おすすめは山の上にある大高森の展望台。東には嵯峨渓、西には松島湾が広がり、はるか南方には蔵王連峰をシルエットに沈む夕日を見ることができるなど360度の大パノラマを堪能できる。登山口から頂上の展望台までは20分ほど歩くので、歩きやすい格好を準備しよう。

絶景アドバイザー

東日本大震災にも耐えた、松の緑も鮮やかな島々は姿・形もさまざまです。自然がつくりあげた美しい風景をぜひ海上から満喫してください。ゴールデンウィークや夏休み、秋の連休は車の場合、渋滞が起こるので時間に余裕をもって来てください。

松島島巡り観光船のみなさん

地図上の注記

- **松島大郷IC**
- **小牛田駅**
- **松島北IC** →石巻
- 三慧殿や秋の紅葉が有名。縁結び観音もある
- 愛宕駅
- このあたりに温泉宿が多く、日帰り入浴も楽しめる
- 境内には伊達政宗ゆかりの梅、臥龍梅がある
- 手樽駅
- **富山** 山頂にある富山観音は奥州三観音のひとつ
- 矢本駅
- 東北本線
- 松島駅
- 陸前富山駅
- 洞安寺
- 陸前大塚駅
- 明神神社
- 野蒜駅
- 陸前小野駅
- 高城町駅
- 西の浜貝塚
- 三陸自動車道
- 仙台松島道路
- 五大堂までの橋は透かし橋になっている。車いすでは渡れない
- 仙石線（高城町駅〜陸前小野駅間運休）
- 瑞巌寺 円通院
- 五大堂
- 松島海岸駅
- 観光船乗場
- JRの代行バスが松島海岸駅〜矢本駅間で運行している
- **松島海岸IC**
- 西行戻しの松公園
- 千貫島
- 東名駅
- 利府JCT
- 西行法師が童子と禅問答をして敗れ、松島行きを諦めた場所
- 松島湾
- 伊達政宗公が「あの島を余の館に運ぶ者あらば、銭千貫を遣わす」とまで言った島
- 扇谷
- 松島四大観のひとつ大高森地域は、潮干狩りスポットとしても有名
- 陸前浜田駅
- **松島**
- 奥松島遊覧船乗場
- **大高森**
- 名前の由来は、頂上からの景色が扇のように見えることからきている
- 大森島
- 宮戸島
- 打ち寄せては砕け散る波の雄大な景色から「偉観」の名がつけられた
- 奥松島縄文村歴史資料館
- 嵯峨渓
- 伊保石公園
- 寒風沢島
- 桂島
- めがね島やかえる島など奇岩が多数点在している
- 塩釜水産物仲卸市場
- 東塩釜駅
- 塩釜港
- 本塩釜駅
- 仙台駅
- 多聞山
- 0　1　2km

移動はレンタカーが便利　交通

- 仙台駅から**大高森**まで車で約1時間25分
- 仙台駅から**松島海岸駅**までJR仙石線で約25分

大高森へ車で行く場合、松島海岸駅からは約35分。岩手方面からは鳴瀬奥松島ICから20分ほど。駐車場は登山口近くに1つある。仙台駅から松島海岸駅への鉄道は1時間1〜2本間隔で運行している。

お楽しみワンポイント♪

松島島巡り観光船
松島湾内の個性豊かな島々を間近に観賞できる遊覧コースが数種類ある。
営 9:00〜16:00（11〜3月は〜15:00）
1時間ごとに運航　休 無休　料 1500円

松島カキ
小粒で身が締まっているのが特徴の松島名物。10月上旬〜3月中旬が旬。

松島の情緒を体感しよう　モデルプラン

1日目

午前：海風に吹かれながら、松島湾を巡る
松島のシンボル、五大堂を見学。その後、遊覧船に乗って海上からの景色を眺める。昼食は地元名産のカキ。

午後：夕日に照らされる松島の海を眺める
伊達政宗ゆかりの名所、瑞巌寺や円通院を観光する。松島四大観を車でまわり、各地からの松島湾の眺めと大高森の夕景を堪能してからホテルに帰る。 

2日目

午前：遊覧船で嵯峨渓を観賞し、塩釜港で寿司を味わう
奥松島から遊覧船に乗り、日本三大渓のひとつ嵯峨渓を観賞する。車で塩釜港へ向かい、昼食は三陸の旬の魚を使った地元名物の寿司を食べる。

午後：松島温泉で旅の疲れをリフレッシュ
車で松島海岸駅へ戻り、日帰り湯へ立ち寄る。時間があれば、松島名物の穴子も味わいたい。

立ち寄りスポット

桃山文化を象徴する荘厳な建造物

瑞巌寺　ずいがんじ

松島海岸駅から徒歩約5分

1609（慶長14）年に伊達政宗が再建した。11月に行なわれる芭蕉祭や大晦日の火防鎮護祈祷である火鈴巡行などが有名。

お泊まり情報　松島近くには島の景観を眺められるホテルや旅館、温泉のある宿が集まっている。

35 約500万年の時を経て奇跡の絶壁を創出した島

おき・にしのしま
隠岐・西ノ島

島根

赤尾展望所から国賀海岸を一望する。海岸沿いには日本海にせり出した通天橋が見える

隠岐・西ノ島

1. 西ノ島の南側に位置する鬼舞展望所。海岸沿いの荒々しさとは対照的な牧歌的な光景。馬や牛が間近で見られる
2. 通天橋。噴火によってできた地層が見られる
3. 百済観音のような形からその名がついた観音岩。夕日がまるでローソクの火のように見える

世界ジオパークに認定されている手つかずの雄大な自然が残る

　島根半島から北へ40〜80km離れた隠岐諸島は、大小180余の島からなる群島で、島前の3島（西ノ島・中ノ島・知夫里島）と島後の4島に人々が生活している。

　島前の3島は、全体がカルデラ地形により形成されている世界的にも非常に珍しい離島で、約630万〜530万年前の火山活動によって誕生した。特異な形をした島々のなかでも、西ノ島は景勝地として名高い。島の西側約13kmにわたる国賀海岸は、海にせり出した通天橋、国内最大級の海食崖で落差257mの摩天崖、神秘的な海上洞窟の明暗の岩屋とまさに絶景のオンパレード。国賀海岸を遊覧する観光船に乗って、断崖の迫力を体感したい。

旬の味覚の時季も考慮して　季節／時間

1	2	3	4	5	6	7	8	9	10	11	12

　海洋性気候で夏冬の気温差がゆるやかな地域。島の名産、岩ガキの旬は3〜6月。観光船やバスは4〜10月のみの営業なので注意。観音岩の上に夕日が重なる「ローソク岩」が見られる時季は4月中旬〜10月上旬。ただし夏至の前後2週間は見られない。

花の見ごろ　オキノアザミ 5〜6月　オキノアブラギク 10〜11月

ツアーやバスを上手に活用　アドバイス

　定期観光バスや定期船でまわるのがおすすめ。レンタカーやレンタサイクル、タクシーの貸切もあるので、島に着いたら西ノ島町観光協会へ。また、島前3島をまわる島前内航船は、「いそかぜⅡ」と「フェリーどうぜん」の2隻が運航している。

絶景アドバイザー

亀澤さん（西ノ島町観光協会）

　摩天崖、鬼舞展望所、赤尾展望所一帯は放牧地で牛馬が放牧されていますが、むやみに近づくと危険です。最近では西ノ島町観光交流センター内で土・日曜に限定販売のご当地バーガー「隠岐西ノ島おさかなスリーミーバーガー」が人気です。ぜひ一度ご賞味あれ！

最新情報はココでチェック

西ノ島町観光協会　☎08514-7-8888
所　島根県隠岐郡西ノ島町美田4386-3

地図の注釈

- 3つの岩で、大きいほうから順に「太郎・次郎・三郎」と名付けられている
- 定期観光船の発着港。別府港からも運航している
- 展望所があり、陸から島が観察できる。夕日観賞スポット
- 国賀海岸が一望できる。島内でいちばんの眺望スポット
- 波の穏やかな日、観光船運航期間の3割程度の確率でしか通り抜けられない、幻の洞窟。コバルトブルーの海が広がる
- 別府港から車で10分。初心者におすすめのフィッシングデッキ。大物も期待できる
- 牛や馬が放牧され、パノラマビューの絶景が広がる。島前カルデラの様子がよくわかる
- ダイナミックにえぐられた赤茶色の岩。船から見上げる赤壁クルージングが催行されている

主な地名
高崎山／小森島／大森島／松島／明屋海岸／三郎岩／西ノ島町観光協会／西ノ島ふるさと館／黒木御所跡／別府港／菱浦港／金光寺山／後鳥羽天皇御火葬塚／隠岐神社／天川の水／中ノ島／知々井岬／ヒーゴ島／西ノ島／美田／国賀海岸／摩天崖／通天橋／観音岩／赤尾展望所／浦郷港／由良比女神社／西ノ島町観光交流センター／焼火山／焼火神社／明暗の岩屋／海釣り公園センター／摩天スカイライン／鬼舞展望所／大桂島／木路ヶ崎灯台／三穂神社／来居港／赤ハゲ山／知夫里島／赤壁／神島／浅島／島津島／大波加島／七類港・境港

0 3km

🚗 フェリーの時刻を事前にチェック　交通

七類港または**境港**から**別府港**まで**高速船で約2時間、フェリーで約2時間30分**

七類港、境港へは、松江駅や米子駅から高速船（レインボージェット）やフェリーの発着時間に合わせた接続バスが運行している。フェリーは「くにが」か「しらしま」を利用。「おき」は島後経由となる。また、島後へ行く際は別府港から西郷港まで高速船で約45分、フェリーで約1時間10分。

- 島後／西郷港／島前／菱浦港／西ノ島／別府港／来居港／日本海／高速船で約2時間/フェリーで約2時間30分／隠岐海峡／島根県／鳥取県／七類港／境港／松江駅／米子駅

✏️ 船上から見る日本海も壮観　モデルプラン

1日目 午前　松江駅からフェリー乗場へ。日本海の景色を楽しもう
松江駅到着後、フェリー接続バスで約40分、七類港へ。

1日目 午後　フェリー到着後は定期観光船で国賀海岸絶景巡り
西ノ島に到着。別府港から定期観光船に乗船する。船頭さんのガイドとともに国賀海岸のダイナミックな景観を海から眺める。夜は宿で海の幸を堪能。

2日目 午前　陸側からも絶景を眺め、島前内航船で西ノ島を出発
摩天崖や赤尾展望所、鬼舞展望所などを巡り、陸地からの景観も楽しむ。その後、内航船で中ノ島へ移動。

2日目 午後　島前の中ノ島を散策後、島後に向かうが帰路につく
中ノ島の観光を楽しんだあとはフェリーに乗船する。

立ち寄りスポット

エメラルドグリーンの海とそびえ立つ赤茶色の崖
中ノ島　なかのしま 
西ノ島から内航船で約7分
明屋海岸や半潜水型の展望船「あまんぼう」がおすすめ。

隠岐諸島最南端、ゆっくりと時が流れる島
知夫里島　ちぶりじま 
西ノ島から内航船で約15分
国の名勝および天然記念物の赤壁や展望の良い赤ハゲ山は必見。

お楽しみワンポイント♪

✱ 定期観光船
国賀海岸の絶景群が海から眺められる。浦郷港、別府港発の2種類のルートがあり、所要約1時間30分〜。波が穏やかな日は、約250mの洞窟、明暗の岩屋の通り抜けができる。

隠岐観光株式会社　☎08514-6-0016
営 8:00〜17:00　休 11〜3月、荒天時　料 2300〜3300円

お泊まり情報　西ノ島町の2つの港近辺と美田地区にある。ただし当日の宿泊は断られる場合も。早めの予約が安心。

36 穏やかな青い海に浮かぶ 208ピースの島パズル

長崎

九十九島
くじゅうくしま

無数の群島と島々に囲まれた海は貴重な動植物の宝庫

佐世保港外から平戸瀬戸にかけて、大小208の島々が浮かぶ。もとは起伏に富んだひとつの大きな島が、海面上昇で沈み多島海を形成したもので、島の密度は日本最高といわれる。密集した島に守られた穏やかな海と入り江は、多くの稀少生物を含む豊かな生態系をはぐくみ、絶好の漁場、カキや真珠の養殖場として人々の生活も支えている。

🛈 最新情報はココでチェック

佐世保観光情報センター　☏0956-22-6630
九十九島パールシーリゾート　☏0956-28-4187

🍀 夕刻と夏の景色がおすすめ　季節／時間

| 1 | 2 | 3 | 4 | 5 | 6 | 7 | 8 | 9 | 10 | 11 | 12 |

沈む夕日と島の影が、穏やかな海に映る夕景が評判。九十九島パールシーリゾートから運航している遊覧船・パールクィーンのサンセットクルーズ(GWと7～10月の週末を中心に運航)は、とくにロマンティック。夏は海の色が最も鮮やかな青に染まり、シーカヤックなどのマリンスポーツも楽しめる。

⚠ クルーズの運航状況は要確認　アドバイス

付近にある複数の展望台のなかでは、展海峰(てんかいほう)から見る景色が最も人気。パールシーリゾートから出航するクルーズは、大型遊覧船のほか小型遊覧船やヨットセーリングなど多彩。時期により運航状況が異なり、混雑することもあるため、事前にパールシーリゾートのウェブサイトで確認を。

ブランド化されている「九十九島かき」や真珠の養殖筏が、島々の合間に浮かぶ

🚗 車移動でいろんな見学スポットへ　交通

■ 佐世保中央ICから展海峰まで車で約20分

展望スポットを巡るなら車が便利。バスの場合は、佐世保駅から展海峰入口まで約40分。九十九島パールシーリゾートへは、路線バスと有料のシャトルバスが佐世保駅から運行している。

📖 陸と海から景色を楽しむ　モデルプラン

1日目

午前 **人気の展望スポットから島を眺める**
まずは展海峰へ向かい、青い海に浮かぶ群島を眺める。

午後 **水族館と美しい夕景を堪能する**
九十九島パールシーリゾートへ行き、水族館「海きらら」で、九十九島の海の生き物の観察やイルカのプログラムを楽しむ。日暮れが近づいたら、サンセットクルーズに乗船し、海からの夕景を満喫。この日は、パールシーリゾート近くのホテルに宿泊。

2日目

午前 **軍港の街、佐世保を散策**
佐世保市街地へ向かい、港町らしい異国情緒ある街並を観光。佐世保バーガーなどの海軍グルメも忘れずに。近くにあるハウステンボスを組み込むのもおすすめ。

🏨 **お泊まり情報** 九十九島パールシーリゾート周辺にホテルが2軒ある。佐世保駅周辺にも宿泊施設が多数ある。

九十九島

37 世界で最も低緯度な流氷の海
シベリアから届く冬の白い使者

オホーツクかいのりゅうひょう

北海道

オホーツク海の流氷

北緯44度の網走では、1月下旬頃にその年最初の流氷が訪れる。オホーツク海は、世界で最も低い緯度で凍る海氷南限の海だ

オホーツク海の流氷

[1] 流氷が浮かぶ海を進んでいく網走の流氷観光砕氷船おーろら
[2] 紋別の流氷砕氷船ガリンコ号Ⅱ。スクリューで氷を砕く様子が間近で見られ、迫力満点
[3] 流氷ウォークのほか、海中ダイビング、遊覧飛行など、多彩なアクティビティが楽しめる

海に白く波打ち漂う水平の氷野
砕氷船で氷河の海を旅してみる

　12月初旬、シベリアの強い寒気がオホーツク海を冷やして水温が－1.8℃以下になると、海中には薄い板状の氷(氷晶)ができる。氷晶はしだいに成長して流氷となり、季節風や海流に乗って北海道のオホーツク海沿岸へ、1カ月半ほどかけてやって来る。やがて沿岸一帯は白い氷の世界に閉ざされる。絶えず移動している流氷を、いつどこで見られるかは波と風次第。網走や紋別で催行する観光砕氷船で沖に出れば、見られる確率はぐんと高まる。真っ白な流氷の海をガリガリと砕き進む砕氷船。まるで南極にいるような、最果ての地を旅する気分が味わえる。流氷の上を歩くツアーも人気。

最新情報はココでチェック

網走市観光協会　☎0152-44-5849
みなと観光交流センター 道の駅 流氷街道網走
☎0152-67-5007　所 北海道網走市南3条東4丁目
紋別観光協会　☎0158-24-3900
所 北海道紋別市幸町5-24-1(紋別バスターミナル1F)

流氷時季を事前にチェック　季節／時間

1	2	3	4	5	6	7	8	9	10	11	12

2月中旬から3月上旬をピークに、1月下旬から4月上旬にかけて見られるが、その年の気候によって異なる。インターネットなどで天候や流氷情報を確認しておきたい。流氷の状況次第で、網走と紋別のどちらを拠点に見学するかを決めてもいい。

肌が痛いほどの寒さを覚悟　アドバイス

12月になれば、日中の気温もマイナスの寒さが続く。ダウンなど厚手の上着、手袋や耳を覆うことのできる帽子、スノーシューズやゴム底の滑りにくい靴といった防寒着を用意したい。観光砕氷船に乗る場合はとくに防寒対策を万全に。

絶景アドバイザー

流氷砕氷船は毎年1月下旬～3月末の運航。船ではしっかり防寒をして、デッキから流氷を眺めるのがおすすめだもん！運が良ければアザラシやオオワシなどの動物も見られるよ。迫力満点の船旅を満喫してほしいもん！船を降りたら新鮮な海の幸も楽しんでいってね。

紋太(紋別観光協会マスコットキャラクター)

オホーツク海の流氷

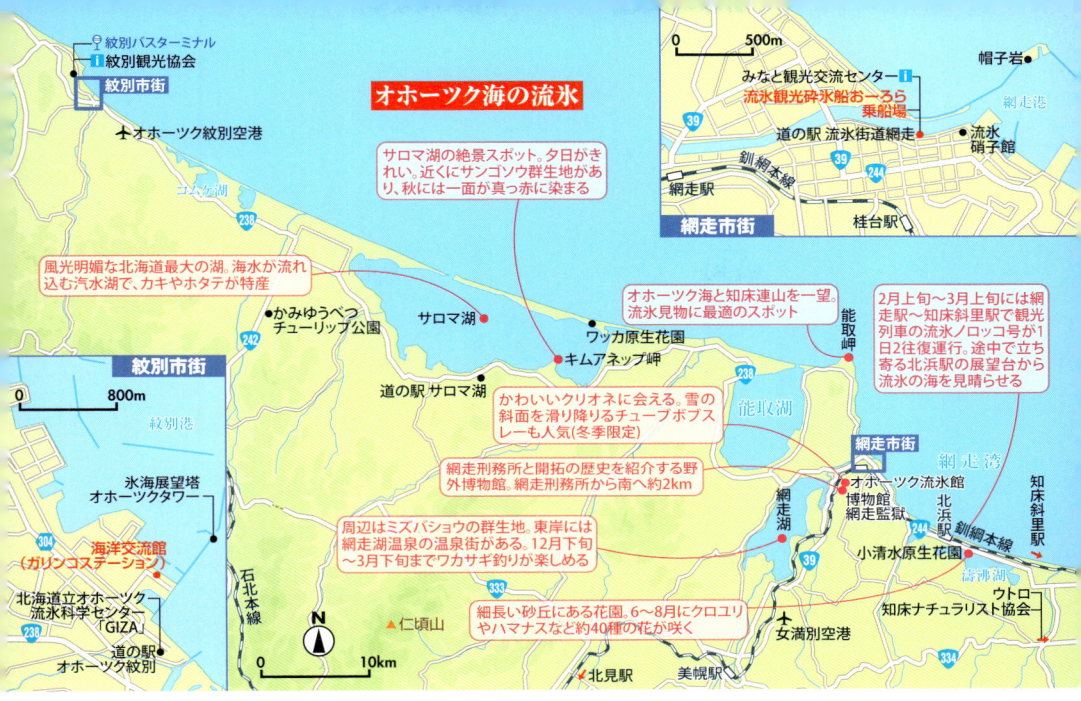

網走市街

紋別市街

- サロマ湖の絶景スポット。夕日がきれい。近くにサンゴソウ群生地あり、秋には一面が真っ赤に染まる
- 風光明媚な北海道最大の湖。海水が流れ込む汽水湖で、カキやホタテが特産
- オホーツク海と知床連山を一望。流氷見物に最適のスポット
- 2月上旬～3月上旬には網走駅～知床斜里駅で観光列車の流氷ノロッコ号が1日2往復運行。途中で立ち寄る北浜駅の展望台から流氷の海を見晴らせる
- かわいいクリオネに会える。雪の斜面を滑り降りるチューブボブスレーも人気（冬季限定）
- 網走刑務所と開拓の歴史を紹介する野外博物館。網走刑務所から南へ約2km
- 周辺はミズバショウの群生地。東岸には網走湖温泉の温泉街がある。12月下旬～3月下旬までワカサギ釣りが楽しめる
- 細長い砂丘にある花園。6～8月にクロユリやハマナスなど約40種の花が咲く

交通　最寄りの空港からは直行バスで

- 女満別空港から流氷砕氷船のりばまで網走バスで約40分
- オホーツク紋別空港から海洋交流館まで空港連絡バスで約10分

女満別空港から網走、オホーツク紋別空港から紋別まで、それぞれの流氷砕氷船乗場へは、流氷観光の期間中、飛行機の発着に合わせて直行バスが出ている。

お楽しみワンポイント♪

流氷観光砕氷船おーろら（網走）
世界で最初に観光用に設計された大型砕氷船。船の重みで氷を砕き、流氷の中を進む。道の駅 流氷街道網走から1日4～5便出航。乗船時間は約1時間、料金は3300円。

流氷砕氷船ガリンコ号Ⅱ（紋別）
先端に取り付けたスクリューで、氷を砕いて進む。海洋交流館から1日5便が出航するほか、2月にはサンライズとサンセットのクルーズもある。完全予約制で、料金は3000円。

モデルプラン　観光砕氷船で流氷の海へ

1日目 午後 網走到着。観光スポットを巡る
女満別空港から網走市内へ。オホーツク流氷館で流氷に関する知識を深める。時間があれば、博物館 網走監獄に立ち寄ったり、網走湖でワカサギ釣りに挑戦。

2日目 午前 砕氷船で氷上クルーズ
いよいよ砕氷船に乗船。船上から見られる、流氷に覆われた神秘的な海の景色を楽しんだら、道の駅で買物。

午後 海や湖を眺めて思い出づくり
接岸した流氷を眺めてのんびりし、網走を後にする。

立ち寄りスポット

流氷の不思議について詳しく知る
北海道立オホーツク流氷科学センター「GIZA」
ほっかいどうりつオホーツクりゅうひょうかがくセンター ギザ

海洋交流館から徒歩約10分

紋別市にある、流氷について楽しく学べる施設。海の妖精・クリオネや本物の流氷を一年中見学できる。

流氷をもっと間近に楽しみたい人に
流氷ウォーク りゅうひょうウォーク（知床ナチュラリスト協会）

網走駅から知床斜里駅まで釧網本線で約50分、知床斜里駅からウトロ温泉バスターミナルまで斜里バスで約50分

知床半島のウトロで盛んなツアー。専用のドライスーツを着て、接岸した流氷の上を歩いたり、海に浮かんだり。浮力や防水性にも優れたスーツなので、初めてでも安心。

お泊まり情報 網走には駅周辺や網走湖周辺の湖畔温泉に、紋別では紋別港周辺に大小の宿が集まる。

38 銀世界に現れたモンスターは雪と氷がつくり上げた自然の芸術品

青森

はっこうださんのじゅひょう
八甲田山の樹氷

ロープウェイで空中散歩しながら幻想的な樹氷群の風景を眺める

八甲田山は日本国内で樹氷が見られる数少ないスポットのひとつ。樹氷観光が楽しめる山頂駅へ、ロープウェイで簡単に移動できるのが特徴。樹氷はアオモリトドマツに氷や雪が付着し、凍って大きくなったもので、スノーモンスターとも呼ばれる。いくつかの条件と偶然が重なって生まれた美しい姿形が、生き物のように見えてくるから不思議だ。

最新情報はココでチェック
八甲田ロープウェー(株)
017-738-0343 所 青森県青森市荒川寒水沢1-12

寒さが厳しい時季が見ごろ　季節/時間
1	2	3	4	5	6	7	8	9	10	11	12
●	●										

八甲田山で樹氷が見られるのはおもに1〜2月頃。日中の晴れ渡った青空とのコントラストも美しいが、夕暮れどきのピンクやオレンジに染まった樹氷原も幻想的でフォトジェニックだ。

真冬の雪山はもちろん厚着で　アドバイス

樹氷を楽しむにはロープウェイで八甲田山の田茂萢岳(たもやちだけ)へ。山頂公園駅を出てすぐの場所で樹氷を見ることができる。冬季の山頂は吹雪くことも多いので、上着、マフラー、帽子、手袋、雪道で滑りにくい靴などを揃え、防寒対策は万全に。
八甲田ロープウェー
営 9:00〜16:20 (11月中旬〜2月は〜15:40)で15〜20分ごとに出発　休 無休　料 往復1850円(小学生870円)

一面を埋め尽くす、白いモンスターの群れ。ここまで成長した樹氷が見られる場所は、世界でも珍しい

🚗 本数は少ないが、バスがおすすめ　交通

■ 青森駅から八甲田ロープウェー駅前までJRバスみずうみ号で約1時間15分

レンタカーも利用できるが、雪道に慣れていない場合はバスをおすすめしたい。青森駅や新青森駅から十和田湖を結ぶJRバスを利用して、八甲田ロープウェー駅前で下車。

✏️ 樹氷と温泉で八甲田を満喫　モデルプラン

1日目

午前 — **まずはバスを利用して八甲田山の麓へ**
青森駅から八甲田ロープウェーまでJRバスで移動する。

午後 — **樹氷群のなかをスノーシューでトレッキング**
ロープウェイで山頂公園駅までは約10分。山頂では、一面の樹氷原をガイド付で散策するスノーシュートレッキングに参加する（要予約）。樹氷の間を縫って歩きながら、間近に観察できる。夜は酸ヶ湯（すかゆ）温泉に宿泊。

2日目

午前 — **酸ヶ湯温泉から青森市内へ戻る**
青森駅までの移動は、バスで約1時間20分。

午後 — **帰路につく前に、冬の青森グルメを堪能**
旬の海鮮が盛りだくさんの古川市場ののっけ丼や、ご当地グルメの味噌カレー牛乳ラーメンに挑戦したい。おみやげには、名産のリンゴを使った製品を。

お泊まり情報　酸ヶ湯温泉は、宿泊施設も備えている。温泉の名物は、混浴の大浴場「千人風呂」。

八甲田山の樹氷

39 冬の夜に灯る夢幻の光に
雪国の人の心温かさを感じる

よこてのかまくら　　　　　　　　　　　　　　　　秋田
横手のかまくら

**真冬の秋田をほのかに灯す光景は
水祈願や子供の雪遊びがルーツ**

小正月の夜、横手の各所に築かれた雪洞にあかりが灯され、幻想の世界が現れる。400年余の歴史を持つ行事は、水神に豊作や雨乞いを祈願する祭事や、子供の雪遊びが結びついたもの。「入ってたんせ～（入ってください）」と招き、甘酒や餅を振る舞う、地元の子供との素朴な触れ合いも魅力だ。無数の小さなかまくらの光が夜に浮かぶ光景も見もの。

最新情報はココでチェック

横手市観光協会　0182-33-7111　所 秋田県横手市中央町8-12（ふれあいセンターかまくら館）

2月の冬の夜に開かれる　　季節／時間

1	2	3	4	5	6	7	8	9	10	11	12
	2										

毎年2月、梵天（ぼんでん）とともに横手の雪まつりとして、かまくらが15・16日、梵天が17日に開催される。かまくら観賞は夜がおすすめだが、日中もさまざまなイベントが行なわれる。

巡回バスを上手に利用しよう　アドバイス

2月の夜は0℃を下回るため、防寒対策はしっかりと。かまくらの中では地元の子供たちが甘酒を振る舞ってくれるので、冷えた体を温めよう。また、かまくら会場は市内の複数箇所にある。事前に観光協会に問い合わせ、会場の場所を確認しておこう。開催期間中は、かまくら会場をまわる無料巡回バスが、夕方から運行される。

1. ミニサイズのかまくらは、狭いスペースに多くのかまくらを作るために、1971(昭和46)年から始められた
2. 木戸五郎兵衛村の古民家との組み合わせは風情たっぷり
3. 蛇の崎川原の会場に並ぶ無数のミニかまくら。幻想的な光景に魅せられる
4. 路肩に並べられたかまくらが、通りをやさしく照らす

ローカル電車でゆっくりと向かう 　交通

■ 大曲駅から横手駅までJR奥羽本線で約20分
■ 北上駅から横手駅までJR北上線で約1時間20分

飛行機で行く場合は、いわて花巻空港からは車で約1時間。秋田空港からは車で約1時間、エアポートライナーで約1時間30分。

横手の冬の2大行事を体感 　モデルプラン

1日目

午前　祭りの前にB級グルメを堪能
北上駅から北上線に乗り、横手駅に到着。お昼に名物の横手やきそばを食べて、しばし横手市内を散策。

午後　巡回バスで個性豊かなかまくらを見物
夕方から無料巡回バスに乗り、いろいろなかまくら会場を見学。途中、横手の名物が食べられる物産展特設会場を寄る。この日は横手市内のホテルに宿泊。

2日目

午前　梵天で寒さも忘れ盛り上がる
梵天奉納を見学。梵天と呼ばれる大きな飾り棒を旭岡山神社に奉納する横手の伝統行事。奉納の際には先頭を争い激しくぶつかり合う。

午後　秋田のおみやげを買い、帰路につく
いぶりがっこや地酒など、秋田の特産品をおみやげに。

お泊まり情報 軒数は少ないが、横手市内のホテル・旅館の多くが横手駅前に集中している。

40 | 静寂の厳寒期に姿を見せる
湖上に咲くひとときの氷花

あかんこのフロストフラワー　　北海道
阿寒湖のフロストフラワー

ココ

厳寒期の早朝、阿寒湖に花開いた冬の華。めったに見られない氷の芸術世界を、雄阿寒岳がそっと見守る

阿寒湖のフロストフラワー

1. 雪化粧をした雄阿寒岳。阿寒の雄大な冬の山岳風景も魅力だ
2. 近くで眺めると、飛び立つ鳥のよう。阿寒湖では湖底に温泉が湧く付近で、比較的長い間見ることができる
3. 雪が多く積もっているときは、スノーシューを履いて湖上を歩く

わずかなチャンスをとらえて朝焼けに輝く氷上世界を楽しむ

　フロストフラワーとは直訳すると「霜の花」。氷上の水蒸気が冷えて結晶化し、成長して美しい花のようになる現象で、その可憐な姿から冬の華と称される。ふわりとした氷の結晶は、近くで見ると羽のように繊細で緻密だ。冬の華が咲くのは阿寒湖や屈斜路湖など道東の一部のみ。しかも、一定の気象条件が整ったときのみ現れる現象のため、簡単には出会えない貴重な絶景。阿寒湖で冬の華を見る早朝ツアーがある。ダイヤモンドダストが空に輝き、木々を樹氷が包む世界も幻想的だ。バギーなど氷上の遊びに興じたり、阿寒湖温泉で温まりながら、冬の華が咲くときをじっくり待とう。

最新情報はココでチェック

阿寒観光協会まちづくり推進機構 観光インフォメーションセンター ☎0154-67-3200 所 北海道釧路市阿寒町阿寒湖温泉2-6-20(阿寒湖まりむ館)

阿寒ネイチャーセンター ☎0154-67-2801 (11〜12月は休業) 所 北海道釧路市阿寒町阿寒湖温泉5-3-3

さまざま気象条件が必要　季節／時間

1	2	3	4	5	6	7	8	9	10	11	12

結氷間もない12月中旬から1月上旬がベスト。さらに「気温が−15℃以下に冷えた、無風の晴れた早朝」などの気候条件が揃うと見られる確率が高まるが、ベストの時季でも見られる確率は30％ほど。湖底に温泉が湧く場所など、氷の薄くなった周辺では1月中旬〜3月中旬でも見られることがある。

氷上を歩く際は薄氷に注意　アドバイス

1〜2月には一日中氷点下という寒さ。デジタルカメラや携帯はバッテリー消耗が早いので、体温や使い捨てカイロなどで温度を保とう。阿寒湖には結氷期でも、随所に湖底から温泉が湧き、氷の薄いところがある。安全面でもツアー参加が望ましい。

絶景アドバイザー

凍結した湖と雪に覆われた森林だけでも魅力的ですが、阿寒では火山活動からなる地熱帯や湧水地が合わさったより独特な風景に出会うこともできます。凍結した湖上は歩くこともできますが、氷の薄い箇所もたくさんあるので、むやみに歩きまわるのはやめましょう。

安井さん(阿寒ネイチャーセンター)

地図上の注記

- アイヌシアターでアイヌ古式舞踊や人形劇、火まつりなどを上演する
- 緑豊かな散策路。泥水が地熱などで噴き出す泥火山のボッケが見られる
- ボッケ 阿寒湖自然探勝路
- 阿寒湖畔エコミュージアムセンター
- 阿寒観光汽船
- 阿寒ネイチャーセンター
- まりも湯
- ニュー阿寒ホテル
- 阿寒湖まりむ館
- 阿寒湖アイヌコタン
- 阿寒湖バスセンター
- 阿寒湖温泉街
- まりもとは、藻類の仲間。「まりも」が集まってひとつの球体となっている
- ベンケトー、パンケトー、阿寒湖は、もともとはひとつの湖だったと考えられている。アイヌ語で「ベンケ」は「上の」、「パンケ」は「下の」をさす
- パンケトー
- まりも生息地
- マリモ展示観察センター
- チュウルイ島へは、阿寒観光汽船（5～11月運航）でアクセスできる
- チュウルイ島
- 阿寒湖
- ヤイタイ島
- スノーシューなどを履いて凍結した湖の上を歩けば、10分ほどで小島へ行ける。島の樹木を覆う霧氷がきれい。動物の足跡も見つけられるかも
- 雄阿寒岳
- 雌阿寒岳、雄阿寒岳が一望できる
- 双岳台
- 屈斜路湖／摩周湖
- ベンケトー
- 大崎
- オンネトー
- 阿寒観光汽船
- 小島 大島
- ベンケトー、パンケトーを望む。2つとも近づくことが難しい湖だ
- 双湖台
- 阿寒湖温泉街
- 次郎湖 太郎湖
- 1月下旬から3月中旬の毎夜、阿寒湖温泉街と氷上特設会場で阿寒湖氷上フェスティバルを開催。花火やゲームなど楽しいイベントが盛りだくさん
- たんちょう釧路空港
- ヒョウタン沼

凍結した道路に気をつけて 〔交通〕

たんちょう釧路空港から阿寒湖温泉まで車で約1時間または阿寒バスで約1時間20分

阿寒湖周辺は標高が高く、勾配やカーブが多いため、冬は路面凍結や雪による視界不良の危険がともなう。雪国の運転に慣れていない場合は、レンタカーはおすすめできない。ホテルによっては釧路や帯広からの送迎もある。

- 阿寒湖
- 阿寒湖温泉
- 雄阿寒岳
- オンネトー
- 北海道
- 車で約1時間
- 阿寒バスで約1時間20分
- たんちょう釧路空港
- 釧路湿原
- 帯広駅
- 根室本線
- 釧路駅

氷の世界の魅力に浸る 〔モデルプラン〕

1日目 午後　アイヌの伝統文化を知る
空港から車やバスで阿寒湖温泉へ。車なら双岳台に立ち寄ろう。阿寒湖アイヌコタンでアイヌ文化に触れる。

2日目 午前　フロストフラワーを探そう
早朝の阿寒湖散策ツアーに参加してフロストフラワーや霧氷などの冬景色を楽しみ、湖周辺の森を散策。阿寒湖温泉街に戻ったら足湯や手湯で温まろう。

2日目 午後　氷上ならではの遊びに挑戦
バナナボートやスノーモービルなどの氷上アクティビティを楽しみ、おみやげを買って阿寒湖を発つ。

立ち寄りスポット

アイヌの味や伝統工芸、舞踊に触れる
阿寒湖アイヌコタン あかんこアイヌコタン

阿寒湖バスセンターから徒歩約10分

約120人のアイヌの人々が暮らす集落。30軒ほどの民芸品店や飲食店が並び、伝統舞踊ショーも楽しめる。

刻々と色を変える神秘的な沼
オンネトー

阿寒湖温泉から車で約30分

雌阿寒岳の麓にある沼。時間や季節で水の色が変わるため五色沼とも呼ばれる。周辺道路は冬季通行止めになり、スノーシューのツアーがある。

お楽しみワンポイント♪

❄ 氷上アトラクション
阿寒湖が全面結氷する1～3月には、阿寒湖の氷上でバナナボートやスノーモービル、四輪バギー、歩くスキーなどのアトラクションやスポーツが楽しめる。ワカサギ釣りも人気。

■ まりもグッズ
阿寒湖底に群生する美しい球状のまりもは、国の特別天然記念物。温泉街では、まりもをデザインした多彩なグッズが手に入る。

お泊まり情報　阿寒湖南岸の温泉街に、大規模リゾートから旅館、家庭的な民宿まで多彩に揃う。

阿寒湖のフロストフラワー

41 霧降高原の鬱蒼とした森の中で滝の流れがひときわ輝く

マックラだき

栃木

マックラ滝

水が流れ落ちる場所にある柱状節理の岩肌の黒さが、水の色をひき立てる

マックラ滝

1 紅葉に包まれたマックラ滝
2 霧降ノ滝。滝は上下2段に分かれていて、下段の滝で水が落ちる際、岩にぶつかり霧状になることが名の由来
3 水量が少ないと、流れる様子が簾に似ているという玉簾ノ滝

ハイキング初心者でも歩きやすく滝壺で水に触れることもできる

　日光三名瀑として知られる霧降ノ滝の上流に位置するマックラ滝は、玉簾ノ滝、丁字ヶ滝と並ぶ「霧降隠れ三滝」のひとつ。一説によれば、北向きで光が入りにくいことから、地元のハンターらが「マックラ滝」と名付けたといわれている。幅10m、落差30mほどとけっして大きくはないが、水量に恵まれ、周囲の緑と調和した美しい景観をつくり出している。静まり返った森の中に響く水流の音は神秘的だ。滝に向かって右側には、円周が約6mもあるサワグルミの巨木がある。周辺には散策コースがあり、界隈にある滝を巡れるように整備されているので、ハイキング感覚で訪れたい。

最新情報はココでチェック

日光市観光協会 ☎0288-22-1525
所 栃木県日光市並木町3-4 日光市役所内

日光霧降高原チロリン村 ☎0288-54-3355
所 栃木県日光市霧降1535-4　営 9:00〜16:00　休 火曜（夏季は無休）

季節ごとに異なる風景を見る　季節／時間

| 1 | 2 | 3 | 4 | 5 | 6 | 7 | 8 | 9 | 10 | 11 | 12 |

すがすがしい空気に包まれた新緑や紅葉の頃がおすすめ。冬季は周辺施設が休業に入るほか、路線バスも運休となる。路面凍結などもあるので、無理な見学は控えたい。

花の見ごろ　ツツジ 5月中旬〜下旬　ニッコウキスゲ 6月中旬〜7月中旬（霧降高原キスゲ平園地）

晴天でもレインウエアを！　アドバイス

「霧降隠れ三滝」周辺の散策路はわかりやすく、管理用の舗装路を歩いても行くことができるが、滝周辺などは足場が悪いので注意したい。車の場合は、ニュー霧降キャンプ場か日光霧降高原チロリン村を拠点にするのがおすすめ。

絶景アドバイザー

坂内さん（ネイチャープラネット）

霧降高原というだけに、霧（小雨）が多いのでレインウエアは必須です。また台風シーズンなど、大雨のあとは散策路の丸太橋が流されてしまうことがあるので、事前に情報収集を。日光霧降高原チロリン村では、日光天然氷のかき氷が食べられます！

バスでもアクセスが便利 　交通

■ 東武日光駅またはJR日光駅から隠れ三滝入口まで東武バスで約15分

東武日光駅／JR日光駅から、東武バスの霧降高原行や大笹牧場行を利用する（運行期間は4月1日〜11月30日）。1日11往復運行。車の場合はチロリン村に駐車するのが便利だが、夏休みなど利用できない期間は、霧降の滝入口バス停近くにある無料駐車場を利用するとよい。日光ICからチロリン村までは、車で10分ほど。

散策時は日没時間に注意 　モデルプラン

1日目

午前 — 玄関口は東武日光駅／JR日光駅
鉄道で日光に到着。隠れ三滝入口まではバスで向かう。タクシーを利用してもいい。散策時間にゆとりがもてるように、なるべく早い時間に到着したい。

午後 — 所要4時間ほどの滝巡りをスタート
丁字ヶ滝、マックラ滝、玉簾ノ滝の順に訪れる。その後は霧降川に沿って霧降ノ滝をめざす。散策路は歩きやすいが、途中には丸太橋などもあり、滑りやすいので注意。霧降の滝入口バス停から日光市内へ戻り、宿でゆっくり休もう。

2日目

午前 — 世界遺産である日光山内地区を巡る
日光東照宮、日光山輪王寺、二荒山神社を見学。時間があれば、二荒山神社の別宮、滝尾神社も訪れたい。

午後 — グルメやおみやげ探しも楽しみ
ランチは湯波料理を満喫。みやげ物店が並ぶ国道沿いでみやげ物を探しながら駅まで散策して帰途へ。

お楽しみワンポイント♪

日光湯波料理
日光のご当地グルメの代表。大豆を加工した食品で、もともと精進料理や祭礼用として振る舞われていたものだ。京都の湯葉と比べると、日光の湯波はやわらかで、ボリュームがある。

羊羹
日光の煉羊羹は、輪王寺法親王に味の良さを認められたのをきっかけに、この地を訪れた公家や武家などが各地に持ち帰り、広まったという。湯波とともに日光の名水がなければ生まれなかったであろう逸品だ。

立ち寄りスポット

世界文化遺産に登録された社殿群
日光東照宮 にっこうとうしょうぐう

東武日光駅／JR日光駅から徒歩約20分

江戸幕府の初代将軍、徳川家康の遺言により造営された社殿で、家康を東照大権現と神格化し祀っている。現在のような豪華絢爛な社殿になったのは、3代将軍家光の時代に入ってから。精緻な彫刻が施された建造物は見応えあり。

霧降ノ滝、裏見の滝と並ぶ日光三名瀑のひとつ
華厳ノ滝 けごんのたき

東武日光駅／JR日光駅から中禅寺温泉バス停まで東武バスで約40分、中禅寺温泉バス停から徒歩約5分

中禅寺湖から流れ出る大谷川にある滝で、落差97m、滝幅4mを誇る。有料エレベーターで100mほど下った場所に観瀑台があり、滝壺に流れ落ちる様子が目の前で見られる。

外国人の避暑地として栄えたリゾート地
中禅寺湖 ちゅうぜんじこ

東武日光駅／JR日光駅から東武バスで約45分

背後にひかえる男体山の噴火によりできた湖。ヒメマスなどの淡水魚が生息し、明治時代には欧米諸国の外交官の別荘が湖畔に建てられた。華厳ノ滝、戦場ヶ原など周辺に見どころが多い。

お泊まり情報 日光山内周辺〜中禅寺湖畔にかけて高級ホテルも多くある。少し離れるが鬼怒川温泉もおすすめだ。

42 きれいな広がりを持つ滝は裏側から見ても、また美しい

鍋ヶ滝
なべがたき

熊本

広げたカーテンを思わせる水流
木洩れ日や水音…すべてが美しい

温泉地として知られる小国周辺には、大小数多くの滝があるが、CMなどで近年話題を呼んでいるのが鍋ヶ滝だ。滝幅20m、落差10mと規模こそ大きくはないが、周囲の緑の美しさと相まって、幻想的な佳景をつくり出している。滝の裏側に空間が広がり、そこから滝を眺めることができることから「裏見の滝」ともいわれる。

最新情報はココでチェック

小国町役場情報課観光係
0967-46-2113

GW中は昼と夜の2度見たい　季節／時間

1	2	3	4	5	6	7	8	9	10	11	12

滝は通年で見られるが、新緑が美しい春から夏にかけてがベストシーズン。夏は水しぶきも気持ちいい。ゴールデンウィーク期間中は滝のライトアップもある。

濡れて滑りやすいので注意　アドバイス

駐車場から滝まで歩いて5分ほど。滝までの道はほぼ舗装されているが、滝周辺や滝の裏側は滑りやすいので歩きやすい靴で。水量が多いときは、水しぶきも激しさを増すので、カメラなどが濡れないように注意しよう。

おぐたん（小国町観光振興会議のキャラクター）

森の奥に、名瀑

幻想的な雰囲気を醸し出す滝の流れ。けっして大きくはないが、見る者を魅了してやまない

🚗 ゆうステーションを拠点に　　　交通

■ 阿蘇くまもと空港から鍋ヶ滝まで車で約1時間30分

公共交通機関の場合、阿蘇駅から杖立温泉行バスを利用し、道の駅 小国にあるゆうステーションで下車。タクシーに乗り換え約15分で滝の入口に到着する。

✏️ 湯巡りと併せて計画を　　　モデルプラン

1日目　午後　初日は温泉でゆっくり過ごす
阿蘇くまもと空港や阿蘇駅から、直接杖立温泉をめざす。初日は情緒あふれる温泉街を散策したりしてゆっくり過ごす。

2日目　午前　早い時間に滝を訪れたい
鍋ヶ滝に向けて出発。滝に到着したら、写真を撮ったり、滝の裏側を歩いたりして、美しい滝の流れを満喫。ゆうステーションへと戻る。

2日目　午後　爽やかなそばを食したあとは、人気の黒川温泉へ
地元で評判のそば屋が集まる「そば街道」へ赴き昼食。そこから黒川温泉へ移動する。この日は黒川温泉に滞在して、湯巡りなどを楽しみたい。

🏨 **お泊まり情報**　小国周辺には、わいた温泉や杖立温泉、黒川温泉など有名温泉地が集まっている。

鍋ヶ滝　137

43 奥秩父の渓谷内に位置する階段状に連なった壮麗な滝

山梨

ななつがまごだんのたき
七ツ釜五段の滝

清流が巨大な花崗岩を浸食してできた自然の芸術。秩父多摩甲斐国立公園内の西沢渓谷にある

七ツ釜五段の滝

1 ブナやミズナラ、カエデなど、周囲の木々が色づく秋の風景
2 5月の西沢渓谷では、新緑とともに見事なアズマシャクナゲの大群落が楽しめる
3 3段にわたって流れ落ちる、全長約8mの三重の滝も見事

絶景が連続する渓流沿いの道を進み 比類ない造形美を誇る癒しの滝へ

原生林の中を走る清流が大小さまざまな滝や淵をつくり、変化に富んだ景観美を見せる西沢渓谷。その最奥部に構えるのが七ツ釜五段の滝だ。5つの滝と丸い滝壺が階段状に一列に並び、滝壺からあふれ出るようにエメラルドグリーンの清冽な水が流れ落ちる。下2段の滝はそれぞれ落差9m、10mと高さもあり、その姿は優雅にしてじつにダイナミックだ。秋になると見事に色づいた周囲の木々に白い水しぶきが映え、あたりは神秘的な雰囲気に包まれる。渓谷内には全長10kmのハイキングコースが設けられており、森林浴の高いリラックス効果から「森林セラピー基地」にも認定されている。

最新情報はココでチェック

西沢渓谷ガイドの会(山梨市役所観光課内)
0553-22-1111(内線2147〜9)
山梨市駅前観光案内所 0553-21-8000
所 山梨県山梨市上神内川72-7

渓谷美が最高に高まる秋 季節／時間

| 1 | 2 | 3 | 4 | 5 | 6 | 7 | 8 | 9 | 10 | 11 | 12 |

4月29日の山開きとともに、シャクナゲの群落が一斉に花をつける。5月中旬〜6月下旬は新緑が美しい。秋にはカエデやブナなどの紅葉が見られる。12月1日〜4月28日までは入山不可。

花の見ごろ シャクナゲ 5月上旬〜中旬
紅葉 10月中旬〜11月上旬

軽登山用の装備で歩こう アドバイス

渓流のしぶきがかかって滑りやすくなっている岩場や、ところどころ鎖を使って進む難所もあるので、足元にはくれぐれも注意したい。ソールのしっかりとした履き慣れた靴がおすすめ。また、ペット同伴は非常に危険なので、連れていかないように。

絶景アドバイザー

たっぷり時間を確保して、滝巡りを楽しんでください。ガイドから歴史や草花の説明を聞きながら歩くのも面白いですよ(有料、要予約)。新緑と紅葉の時季はとくにおすすめです！渓谷歩きを楽しんだあとは温泉や郷土料理を楽しんでください。

西沢渓谷ガイドの会のみなさん

地図内注記

- このあたりから滑りやすい岩場が続くので注意
- 橋の上からの眺望が良い。このあたりから本格的な山道になる
- 山荘は廃業しているがトイレは利用可能
- 滝見台で間近に滝を眺めることができる
- 規模は小さめだが、3つの釜を持つ優美な滝。滝見台がある
- ハイキングコースは周回路になっており、危険防止のため反時計回りに歩く。ここにトイレ、東屋あり
- 田部重治文学碑
- 俣吊り橋
- 西沢山荘
- ナレイの滝
- 西沢渓谷
- 七ツ釜五段の滝
- 貞泉の滝
- 母胎淵
- 恋糸の滝
- 人面洞
- 不動滝
- 方杖橋
- 竜神の滝
- 旧森林軌道
- 三重の滝
- フグ岩
- 魚止滝
- 大久保の滝
- 大展望台
- 大久保沢
- 展望台
- 展望台
- ネトリ大橋
- 快適な林道
- カズワ池
- シャクナゲ大群落
- 2段にわたって大きな滝壺に勢いよく水が流れ落ちる滝
- ここから鶏冠山、木賊山など2000m級の山々を見渡すことができる
- 折り返し地点からの復路は旧森林軌道(トロッコ道)を歩く
- ここから林道に出る
- ここに市営駐車場がある。満車の場合は道の駅北側の駐車場に停める
- 西沢渓谷入口
- 西沢大橋
- 道の駅みとみ
- 140
- 山梨市駅→

交通　山梨市駅からのバスが便利

- 山梨市駅から西沢渓谷入口まで山梨市営バスで約1時間
- 勝沼ICから西沢渓谷入口まで車で約50分

市営バスは1日4本程度なので、事前に時間を確認しよう。人数が揃えば、山梨市駅からタクシーを利用するのもおすすめ。所要約40分。ゴールデンウィークと10～11月の紅葉シーズン、5～9月の土・日曜、祝日は塩山駅からもバスが運行。

お楽しみワンポイント♪

フルーツ
勝沼周辺の果樹園では、ブドウや桃、イチゴ、サクランボなどのフルーツ狩りが盛ん。カフェにもフルーツを使った個性派メニューが揃っている。

桔梗信玄餅 
1968(昭和43)年から販売されている山梨きってのみやげ菓子。きな粉をまぶした餅に黒蜜をかけて食べる。ビニールで風呂敷包みした個別包装も特徴的。

モデルプラン　のんびり森林浴ハイキング

1日目 午前：西沢渓谷入口から周回コースを歩き始める
往路は滝や奇岩を眺めながら、渓流沿いに上っていく。渓谷入口から七ツ釜五段の滝までは約2時間。

1日目 午後：旧森林軌道からの滝の眺望も楽しんで
復路は旧森林軌道(トロッコ道)を歩く。ハイキング後は西沢渓谷からほど近い川浦温泉へ移動し宿泊。

2日目 午前：四季の花々が美しい近郊の古刹を見学
武田信玄にまつわる宝物を所蔵する恵林寺や重要文化財の三仏像で知られる放光寺、また、春先なら、しだれ桜が見事な慈雲寺へ足を延ばすそう。

2日目 午後：勝沼に点在するワイナリーへ立ち寄る
ワイナリーで各種ツアーに参加し、夕方帰路につく。

立ち寄りスポット

武田信玄の菩提寺として知られる名刹

恵林寺　えりんじ

西沢渓谷から車で約40分

1330(元徳2)年に夢窓国師が開山。国指定名勝でもある本堂裏の池泉回遊式庭園がとくに有名。武田信玄の兜や軍配団扇などの宝物も所有している。

海外でも注目される甲州ワインを飲み比べ

勝沼ワイナリー巡り　かつぬまワイナリーめぐり

西沢渓谷から車で40～50分

勝沼は、約80のワイナリーを抱えるワイン王国山梨県の中心地。各ワイナリーでは、工場見学とワインの試飲などが楽しめる無料のツアーを催行している。

お泊まり情報　車で約20分の川浦温泉に旅館がある。笛吹川温泉、石和温泉へも車で40～50分。

44 自然美あふれる林道の中に現れる 白く繊細な水の流れ

石川

姥ヶ滝
(うばがたき)

岩を滑り落ちてきた水流が滝壺に降り注ぐ。その清らかな水の流れは心が洗われるよう

広く荒々しい岩肌と 白くて細い水流のコントラスト

　石川県と岐阜県を結ぶ白山スーパー林道にある滝のひとつ。荒々しい岩の上を無数の白い水流が滑り落ちる。そのさまはじつにダイナミックで美しく、日本の滝100選にも選ばれている。この水流が老婆の白髪に見えることがこの滝の名の由来。林道が有する数々の美景とともに、ドライブで楽しみたい絶景スポットだ。

🛈 最新情報はココでチェック

白山市観光連盟　📞076-259-5893
所 石川県白山市殿町39

🍀 紅葉の時季か増水時に　　季節／時間

1	2	3	4	5	6	7	8	9	10	11	12
					●	●	●	●	●	●	

おすすめのシーズンは10月下旬～11月上旬。美しい紅葉とともに楽しめる。紅葉が終わる11月中旬～6月上旬は、積雪により林道が通行止めになるため、滝の見学もできなくなる。滝の迫力が増すのは、雪解けの季節や降雨のあとなど、川が増水しているとき。逆に、好天が続くと水量が少なくなり見応えに欠けるので、避けたほうがよい。なお、林道は夜間通行止め。

👣❕ 散策に適した格好で行こう　　アドバイス

滝のある白山スーパー林道は自動車でしか入れないので、ドライブかツアーバスで訪れる。最寄りの蛇谷園地駐車場からも滝の遠景は望めるが、15分ほど歩けば滝の間近まで行ける。滝に行く途中、急な階段の往復があるので、歩きやすい靴で行こう。

🚗 林道のドライブを楽しみながら　　交通

■ 白山ICから中宮料金所まで車で約1時間 ➡
■ 中宮料金所から蛇谷園地駐車場まで車で約8分

岐阜県側から行く場合は、白川郷ICから車で約10分の馬狩料金所から白山スーパー林道に入り、蛇谷園地駐車場まで約40分。

✏️ 歴史ある街と雄大な自然　　モデルプラン

1日目 午後
金沢に到着。新鮮な魚介と名跡を満喫
観光の起点は金沢に。昼過ぎに金沢駅に到着したら、まずは近江町市場で海鮮ランチ。その後、金沢城公園や兼六園など歴史的な名所をまわる。

2日目 午前
レンタカーで姥ヶ滝までドライブ
金沢で車を借りて、姥ヶ滝をめざす。途中、白山をご神体とする白山比咩(しらやまひめ)神社、8kmにわたって断崖が続く手取峡谷を観光。

2日目 午後
姥ヶ滝や白山を見て白川郷へ
白山スーパー林道に入り、しりたか滝など林道の自然美を巡る。蛇谷園地駐車場に着いたら車から降りて姥ヶ滝まで散策。滝を観賞したあとは再びドライブ。白山展望台から雄々しい白山の姿を眺めて、世界遺産の合掌造り集落・白川郷へと向かう。

🏨 **お泊まり情報**　観光の起点となる金沢は宿の選択肢が豊富。また、岐阜の白川郷の合掌造り民宿も風情があって良い。

姥ヶ滝　143

45 年間1万mmもの雨がはぐくんだ
苔むした原始の神々しい森

鹿児島

やくしまのしらたにうんすいきょう
屋久島の白谷雲水峡

424haにわたる天然の照葉樹林の森。白谷川の清らかな流れが、木々や苔を潤していく

屋久島の白谷雲水峡

一面の苔と清流と屋久杉原生林
精霊が棲むという神秘の森を歩く

　1993(平成5)年、日本で初めて世界自然遺産に登録された屋久島は、その9割を原生林の深い森に覆われている。島全体が冷温帯性から亜熱帯性までの気候区に属するという類いまれなる自然環境にあり、国内の植物種のじつに7割以上、固有種も約40種が生息している。その屋久島の魅力が凝縮されているのが、清流・白谷川の上流に広がる白谷雲水峡だ。豊かな雨が育てた600種もの苔に覆い尽くされ、地表面や木の幹、岩など、あたりは見渡す限り緑一色。吸い込まれそうなほど美しく、誰もが思わず息をのむ。森の中には遊歩道が敷かれており、屋久杉の巨木や岩盤を流れるダイナミックな滝など、多様性に富んだ屋久島の森の魅力を全身で体感できる。

最新情報はココでチェック

屋久島観光協会 宮之浦案内所　0997-42-1019
所　鹿児島県熊毛郡屋久島町宮之浦港ターミナル内
屋久島観光センター　0997-42-0091
所　鹿児島県熊毛郡屋久島町宮之浦799

屋久島の豊かな雨を楽しむ　季節／時間

1	2	3	4	5	6	7	8	9	10	11	12

　ベストシーズンは4月上旬～7月上旬。多雨で知られる島だが、とくによく降るのは6月で、次いで3～5月、8～9月は台風シーズン。それ以外でも、まず雨に降られると思っておいたほうがいい。むしろ少々の雨ならば、楽しむぐらいの気持ちでいたい。11月を過ぎるとぐっと気温が下がり、冬はしばしば降雪をみる。

花の見ごろ　ヤクシマシャクナゲ 5～6月　コケスミレ 5～6月
ヒメコナスビ 7月　ヒメウチワダイモンジソウ 9～10月
ホソバハグマ 9～10月　ヤクシマツルリンドウ 9～10月

軽登山の装備を万全に　アドバイス

　トレッキングシューズとしっかりとした雨具、水、食料は必須。難所はとくにないが、沢は滑りやすく、また、雨により増水することもあるので注意しよう。冬季は積雪、凍結などによってコースが閉鎖されることもある。原生林歩道などで、登山道がわかりにくいときは、木に結ばれたピンクのテープを目印に。

絶景アドバイザー

白谷雲水峡は人里より5℃ほど気温が低いので夏でも長袖は必須です。沢と苔がたいへん美しいところなので、沢で休息をとりながら、ゆっくり歩いてほしいですね。体力のある人はぜひ太鼓岩まで登ってください。絶景に出会えますよ。

青木さん(屋久島パーソナルエコツアー)

1　一面苔に覆われた幽玄の世界。映画『もののけ姫』の舞台として描かれたことでも知られる
2　白谷雲水峡の最奥、標高1050mの太鼓岩からは屋久杉の森を一望
3　遊歩道の途中で出会うくぐり杉。空洞は大人が軽く入れる大きさだ
4　年間1万人以上が見学に訪れる、屋久島のシンボル、縄文杉

山紫水明 渓谷・峡谷

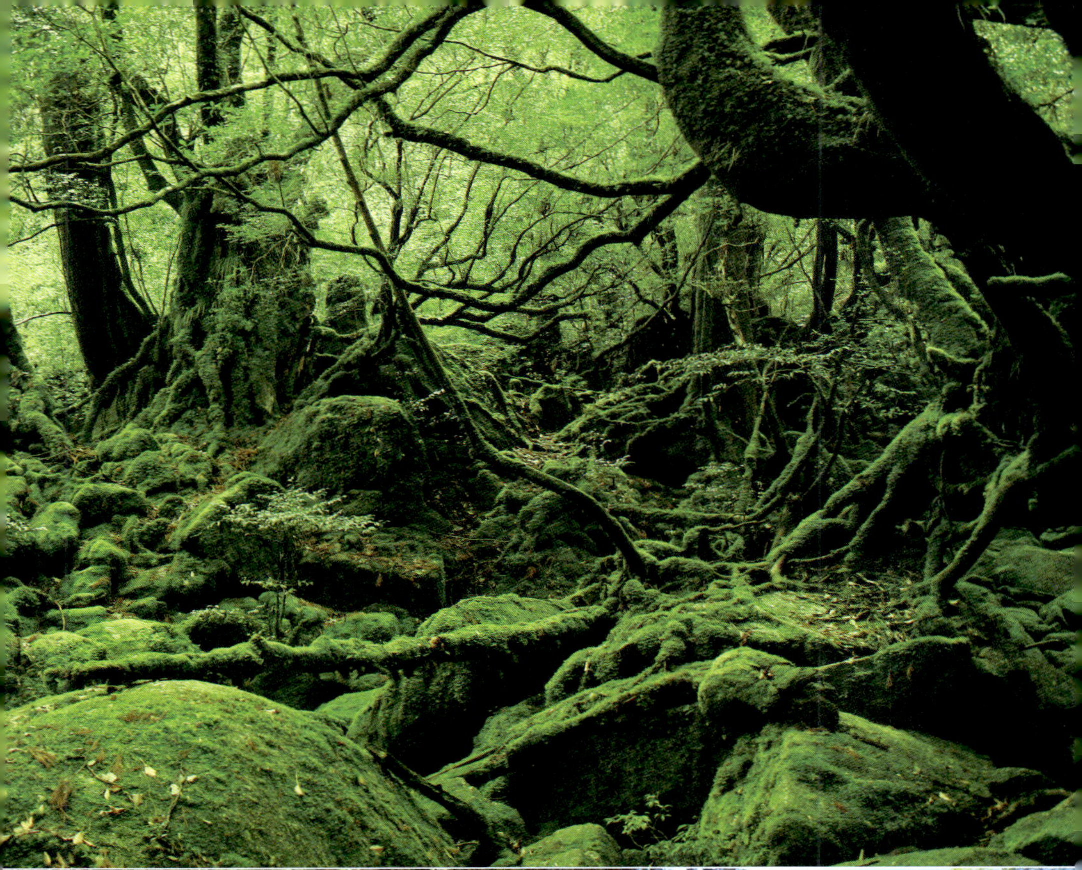
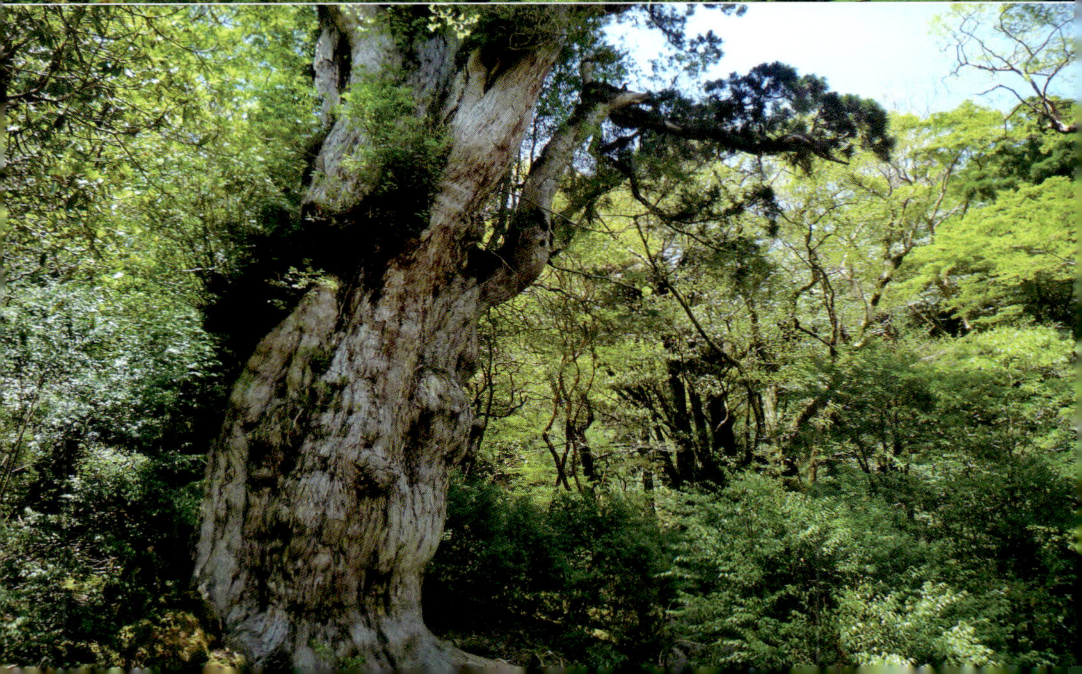

宮之浦港からバスでアクセス可能　交通

- 鹿児島空港から屋久島空港まで飛行機で約35分
- 鹿児島本港南埠頭から宮之浦港まで高速船で約1時間45分

鹿児島から屋久島への飛行機は1日5便ほど、高速船は1日6便ほど運航している(時期により異なる)。屋久島の宮之浦港から白谷雲水峡へは、路線バスが1日5便前後出ており、所要は約40分(GWおよび夏季は増便)。空港や港にはタクシーも待機している。自由に動き回りたいのであれば、レンタカーが便利だ。

原生林の森をじっくり歩く　モデルプラン

1日目

- 午前：**宮之浦港からまずはホテルへ**
  ホテルにチェックインし、その後早めのランチタイム。
- 午後：**島の歴史や屋久杉の秘密を知る**
  ヤクスギランドで巨大杉をじっくり観賞。その後、屋久杉自然館で島と屋久杉についての知識を深める。

2日目

- 午前：**お弁当を調達して、バスで白谷雲水峡の入口へ**
  白谷広場からトレッキング開始。複数ある散策コースのうち、往路は原生林歩道を通る。白谷小屋で昼食。
- 午後：**神秘的なモスグリーンの世界を堪能**
  七本杉を過ぎたあたりから、最大の絶景ポイントである苔むす森が一面に広がる。ここからさらに太鼓岩へ。復路は江戸時代の古道、楠川歩道を通る。

3日目

- 午前：**レンタカーで島を一周**
  海岸線を一周する県道をドライブ。永田いなか浜や西部林道、千尋の滝などの名所を巡る。
- 午後：**屋久杉の工芸品をおみやげに**
  お気に入りのおみやげを探し、帰路につく。日程に余裕があれば、縄文杉トレッキングにも挑戦したい。

お楽しみワンポイント♪

屋久杉工芸品
独特の木目が美しい屋久杉の工芸品は島のおみやげ人気No.1。200～300年ほど前に切り出された土埋木と呼ばれる屋久杉で作られており、木肌もあでやか。

首折れサバ
サバは通常、傷みやすいため刺身では食べないが、屋久島では釣り上げたばかりのサバの首を折り血抜きをするため、鮮度はそのまま。刺身でも楽しめる。

立ち寄りスポット

落差88mの南九州随一の大瀑布
大川の滝　おおこのたき
宮之浦港から車で約1時間30分

日本の滝100選にも選ばれている、岩盤の上を豪快に流れる名瀑。降雨後は水量が増して迫力満点だ。

モッチョム岳麓の展望台から眺める
千尋の滝　せんぴろのたき
宮之浦港から車で約50分

きれいなV字を描く谷の滝。巨大な花崗岩の中央を勢いよく水が流れ、60mの高さから叩きつける。

世界的に知られるウミガメの産卵地
永田いなか浜　ながたいなかはま
宮之浦港から車で約30分

800mほど続く美しい白い砂浜。毎年5～7月にアオウミガメやアカウミガメが産卵のために上陸する。

白谷雲水峡

- トレッキングの拠点。トイレあり。管理棟で協力金300円を支払う。マップ入手可能
- 推定樹齢3000年の屋久杉。白谷広場から徒歩約20分
- 数ヶ所の沢を渡る。増水時は要注意
- 原生林歩道と楠川歩道の分岐点
- 宿泊可能の山小屋(無人、収容人数約40名)。トイレあり
- まっすぐ伸びる立派な幹の途中から枝が7本に分かれている
- 険しい坂が続く
- 辻峠から急な山道を登っていく。白谷広場からここまで約2時間30分

屋久島マップ

- **口永良部島** → 鹿児島 → 種子島
- **湊海水浴場**
- **志戸子ガジュマル公園** — 巨大なガジュマルやアコウがジャングルのように密生
- **屋久島観光センター**
- **宮之浦港** — 屋久島最大の集落。高速船が発着し、宿や商店、飲食店なども集まっている
- **屋久島観光協会 宮之浦案内所**
- **吉田**
- **永田いなか浜** — ウミガメの産卵を観察する場合は夜のツアーに参加
- **屋久島うみがめ館**
- **吉田岳**
- **永田**
- **小瀬田**
- **屋久島灯台** — 屋久島の最西端、永田岬に立つ
- **坪切岳**
- **屋久島空港**
- **縄文の宿まんてん**
- **国割岳** — 世界遺産区域の一部。手つかずの自然が広がる。ヤクザルやヤクジカに出会えることも
- **龍王の滝**
- **高塚山**
- **愛子岳**
- **白谷雲水峡**
- **永田歩道**
- **鹿之沢小屋**
- **永田岳**
- **縄文杉**
- **宮之浦岳**
- **荒川登山口** — 屋久島と屋久杉の歴史や情報を詳しく紹介・展示
- **花山歩道**
- **西部林道**
- **標高1935mの九州最高峰**
- **黒味岳**
- **花之江河**
- **石塚山**
- **太忠岳**
- **尾立岳**
- **屋久島観光協会 安房案内所**
- **安房港** → 鹿児島
- **大川の滝**
- **紀元杉**
- **ヤクスギランド**
- **屋久杉自然館**
- **淀川登山口** — 樹齢数千年の屋久杉を含む原生林の中を気軽に散策できる
- **安房** — 宮之浦に次ぐ観光拠点。民宿やペンションも多い
- **ジンネム高盤岳**
- **七五岳**
- **湯泊歩道**
- **猿川ガジュマル**
- **栗生海水浴場**
- **栗生**
- **中間ガジュマル** — 樹齢300年を超える屋久島最大のガジュマル。道路をアーチ状にまたいでいる
- **破沙岳**
- **割石岳**
- **焼酎川**
- **千尋の滝** — 荒々しい岩壁が特徴。登山道は険しいが、山頂からの眺めは壮観
- **中間**
- **屋久島いわさきホテル**
- **モッチョム岳** — モッチョム岳を望む南部の中心エリア。千尋の滝や名湯尾之間温泉などが近い
- **中央温泉**
- **八幡神社**
- **尾之間**
- **JRホテル屋久島**
- **平内海中温泉** — 海を眼前に望む露天風呂。干潮前後の2時間ほどしか現れない

0 — 5km N

縄文杉トレッキングに挑戦!!

屋久島の代名詞でもある縄文杉は、推定樹齢7200年とも、2170年ともいわれる島内最大の杉で、幹回りはなんと16.4mもあるという。その勇姿をひと目見ようと国内外から多くの人々が訪れ、長時間の日帰りトレッキングに挑む。荒川登山口から大株歩道を歩く往復22kmのルートが人気で、所要は約10時間。途中、大王杉や三代杉、ウィルソン株など、名だたる巨木が点在しており、太古の森の魅力が存分に堪能できる。かなり険しい山道もあるため、通常の登山装備が必須。

縄文杉ルートマップ

- **高塚山**
- **ヨウジガ高岳**
- **白谷小屋**
- **白谷雲水峡** — ここから白谷雲水峡
- **愛子岳**
- **高塚小屋**
- **夫婦杉**
- **大株歩道** — 急峻な登りが続く
- **辻峠**
- **太鼓岩**
- **宮之浦岳**
- **翁杉**
- **ウィルソン株**
- **三代杉**
- **辻の岩屋**
- **荒川登山口〜大株歩道入口は川沿いの平坦な道。約8km**
- **大王杉**
- **楠川分かれ**
- **休憩所**
- **小杉谷小学校跡**
- **トロッコ道**
- **中岳権現岳**
- **大株歩道入口**
- **手を取り合うように並ぶ2本の屋久杉**
- **荒川登山口** — 最も一般的な出発&ゴール地点
- **ジトンジ岳**
- **尾立ダム**
- **安房**

0 — 1km

1 ごつごつした木肌が特徴の縄文杉。光の加減で千変万化の表情を見せる
2 ウィルソン株の中に入り見上げるとハート形が。株の中は10畳ほどの広さ

お泊まり情報 フェリーが発着する宮之浦と安房に宿泊施設が集まっている。民宿や手ごろな旅館が多い。

屋久島の白谷雲水峡

46 日本神話ゆかりの地に降り注ぐ 神秘の滝とそびえ立つ断崖

宮崎

たかちほきょう
高千穂峡

1934(昭和9)年、名勝・天然記念物に指定された。写真は滝見台ポイントから真名井の滝を見下ろす

1. 貸しボートは悪天候や河川増水時は運休となるので注意したい
2. 仙人の屏風岩。ボート乗場からこの柱状節理の断崖群、上流の神橋までが峡谷の見どころ
3. 高千穂郷八十八社の総社、高千穂神社。境内に祀られる夫婦杉は縁結びの御利益がある

手漕ぎの貸しボートに乗って
悠久の自然が感じられる小旅行へ

　阿蘇山の火山活動によって噴出した火砕流が五ヶ瀬川へ流れ出し、長い時間をかけて浸食されてできた峡谷。高い場所では100m、平均して80mの崖が7㎞延びる。溶岩が冷却固結した際に角柱状になった柱状節理の断崖は見る者を圧倒する。
　峡谷内のシンボルは落差約17mの真名井の滝。天孫降臨の際、この地に水がなく天村雲命が「水種」を移したという「天真名井」の水が水源となったと伝わる。神々しく輝く水が五ヶ瀬川に光が差し込むかのように流れ落ちるさまは、貸しボートを使って間近で眺めたい。また、滝見台のある遊歩道も整備されており、滝を見下ろすこともできる。

最新情報はココでチェック

高千穂町観光協会 まちなか案内所　☎0982-72-3031
所 宮崎県西臼杵郡高千穂町三田井802-3
道の駅 高千穂 観光案内所　☎0982-72-4680
所 宮崎県西臼杵郡高千穂町三田井1296-5

周辺散策と併せたプランを　季節／時間

| 1 | 2 | 3 | 4 | 5 | 6 | 7 | 8 | 9 | 10 | 11 | 12 |

青々と生い茂る新緑や、峡谷が赤く染まる紅葉の時季がベスト。ただし、繁忙期はボート乗船に2～3時間待つこともしばしば。秋ならば近郊にある国見ヶ丘から望む雲海もおすすめです。雲海が発生しやすいのは10月～11月下旬の早朝。また、夜を徹して舞う本式の夜神楽が見られるのは11月中旬～2月上旬まで。

まずはボートの乗船受付から　アドバイス

ボート乗船の予約は行なっておらず、当日窓口での直接申し込みのみ。混雑時は整理券が配られ、所定の時間に集合する。受付が早く終わることもあるので、先に受付を済ませてから観光したい。まちなか案内所では電動自転車の貸し出しを行なっている。

絶景アドバイザー

ゴールデンウィークや紅葉の時季はたいへん混み合いますが、ボート乗船は午前中が狙い目です。神楽に触れたあとは、焼酎を入れた青竹を焚き火にかけて飲む高千穂発祥の「カッポ酒」を飲みながら、高千穂の食を楽しんでくださいね。

山口さん(高千穂町観光協会)

地図エリア情報

- **国見ヶ丘**: 標高513m。雲海が見られる地としても有名。秋の早朝を狙いたい
- 高千穂観光物産館 トンネルの駅
- 廃線になった高千穂鉄道。現在は高千穂駅と天戸駅の区間で観光車両のスーパーカートが運行。高千穂橋梁からの眺めは絶景
- **高千穂駅**
- 高千穂あまてらす鉄道
- **荒立神社**: 芸能と縁結びの御利益があるといわれる
- **天岩戸駅**
- **道の駅 高千穂**: 観光案内所が併設されており、高千穂のマップなどが手に入る
- **神都高千穂大橋**: 神橋、高千穂大橋と合わせて三段橋と呼ばれる。高千穂峡から眺められる
- **神橋**: 石造りのレトロな橋は峡谷の景観とマッチ
- **高千穂町役場**
- **天真名井**: 今もケヤキの老木の下に水が湧き出ている
- **穂觸神社**
- **高千穂町観光協会 まちなか案内所**
- **高千穂バスセンター**: 現地ツアーの申し込みやレンタサイクルの貸し出しも行なう
- **高天原遥拝所**
- **天岩戸神社**
- **高千穂神楽が毎夜行なわれる**
- **がまだせ市場**: 高千穂産の野菜の販売や高千穂牛が食べられるレストランが併設
- **高千穂神社**
- **高千穂大橋**
- **遊歩道入口**
- **食堂・売店**
- **槍飛橋**
- **滝見台**
- **鬼八の力石・仙人の屏風岩**
- **玉垂の滝**
- 神話にも登場する高さ約3m、重さ200tといわれる巨大石
- **真名井の滝**
- **御橋**
- ボート乗場前の駐車場へ向かう道路沿いにある。幾筋もの滝が流れ落ちる
- ボート乗船区間はこのあたりまで
- 真名井の滝を見下ろす絶景ポイント。周辺には約1kmの遊歩道が整備されている
- **高千穂峡のハイライト**
- **ボート乗場**
- **食堂・売店**
- みやげ処が並ぶ界隈に流しそうめんが食べられる店がある（冬季休業）
- **高千穂峡**

0 300m

雄大な景色を眺めながらドライブ 〔交通〕

- ■ 北方ICから高千穂峡まで車で約40分
- ■ 阿蘇くまもと空港から高千穂峡まで車で約1時間30分

車の場合は北方ICを下り国道218号で約40分。熊本方面からは阿蘇の雄大な眺めとともにドライブが楽しめる。熊本駅、博多駅などから高千穂バスセンターまで高速バスが運行。

パワースポットを巡る旅 〔モデルプラン〕

1日目

午前：阿蘇くまもと空港からレンタカーでのどかな道を走る
空港からレンタカーで高千穂をめざし、まずは高千穂神社に詣でる。ボート受付をしたあとは予約時間まで高千穂発祥とされる流しそうめんを堪能。

午後：手漕ぎのボートで眼前に迫る滝へ
貸しボートに乗って真名井の滝を見上げる。その後は遊歩道を歩いて断崖の高千穂峡を見下ろしてみる。夏限定の滝のライトアップを堪能したあとは高千穂神楽が開催される高千穂神社へ。

2日目

午前：神話に登場する天岩戸神社へお参り
天岩戸神社に参拝し、石を積みながら願いを込めると叶うとされる安河原で石積みにトライ。高千穂盆地が一望できる国見ヶ丘に立ち寄る。

午後：1kmに及ぶ原酒を寝かせたトンネル貯蔵庫を見学
高千穂観光物産館トンネルの駅で地酒や工芸品を見る。

お楽しみワンポイント♪

★ 夜神楽と高千穂神楽

20の集落で里ごとに氏神様を招いて舞う夜神楽。日本の神話に登場する神々が登場し、収穫への感謝と五穀豊穣を祈願する。演目は33番あり、11月中旬～2月上旬の各集落の例祭日に夜通し奉納される。また、夜神楽の代表的な4演目を観光用に上演するのが高千穂神楽で、高千穂神社で毎夜開催される。

高千穂神社（神楽殿）
上演 毎日20:00～21:00（予約不要） 料 700円

立ち寄りスポット

古事記、日本書紀の天岩戸神話の舞台となった場所

天岩戸神社 あまのいわとじんじゃ

高千穂峡から車で約15分

天照大神が隠れた天岩戸とされる洞窟をご神体として祀る。境内は岩戸川を隔て西本宮と東本宮に分かれ、天岩戸は西本宮の遥拝所から拝む（要受付）。西本宮の先には天岩戸神話のなかで天照大神が隠れた際、八百萬の神々が相談をしたといわれる巨大な洞窟、天安河原がある。

お泊まり情報 高千穂町観光協会 まちなか案内所の周辺に宿が集中しており、町内全体では30を超える宿泊施設がある。

47

迫りくる断崖、奇岩がつくり出す景観
日本の桂林とも讃えられる峡谷

和歌山／三重／奈良

瀞峡
どろきょう

深い緑に覆われた北山川を、断崖、奇岩の間を縫って観光用のウォータージェット船が行き交う

1	
2	3

① 秋には鮮やかな紅葉が峡谷を彩る
② 獅子が横たわって吠えているように見える獅子岩
③ 常緑樹が比較的多く、新緑の季節はひときわ美しい

国の特別名勝、天然記念物にも指定 山深い峡谷に太古の自然が残る

　大台ヶ原（おおだいがはら）を源とする北山川（きたやまがわ）が熊野（くまの）の山間を抜け熊野川にぶつかる手前、和歌山、三重、奈良の県境あたりに瀞峡（どろきょう）と呼ばれる秘境がある。約31kmにわたって続く峡谷は、巨石や奇岩、断崖を豊かな緑と花々が彩る絶景だ。下流の瀞八丁（どろはっちょう）はとくに風光明媚で、水面を疾走するウォータージェット船に乗って、その見事な景観を楽しむことができる。

最新情報はココでチェック

熊野交通 志古船舶営業所 ☎0735-44-0331 所和歌山県新宮市熊野川町日足272（瀞峡めぐりの里 熊野川）

新緑と紅葉が峡谷に映える　季節／時間

1	2	3	4	5	6	7	8	9	10	11	12

四季の花や樹木が峡谷美に彩りを添え、どの季節も美しい。春は桜の淡いピンクが常緑樹のなかでいっそうひき立つ。初夏は新緑が輝き、同時に岩の間に咲くサツキが満開になり鮮やかだ。秋の紅葉も赤や黄が緑のなかに映える。

準備万端整えて秘境へ　アドバイス

ウォータージェット船の志古乗船場がある瀞峡めぐりの里 熊野川は、施設が充実している。トイレは乗船前に済ませておきたい。多雨地帯のため、台風の時季は突然の豪雨に見舞われることがある。

新宮からのセットプランがお得　交通

■ 新宮駅から志古乗船場まで熊野交通バスで約40分

志古乗船場からウォータージェット船がほぼ1時間ごとに運航。瀞峡を巡って戻る約2時間の見学コースだ。紀伊勝浦駅、新宮駅から志古乗船場までの往復のバス（またはタクシー）とウォータージェット船がセットになったプランもある。

瀞峡観光ウォータージェット船 営 志古乗船場発8：30〜15：10 ※時期により異なる 休 荒天時 料 志古乗船場〜瀞峡往復3440円、小川口乗船場〜瀞峡往復2260円など

2日目は熊野三山のひとつへ　モデルプラン

1日目 午後　一日かけて峡谷巡りを満喫しよう
新宮からのバスは熊野川に沿って上流へと走る。志古乗船場で下車したら、ウォータージェット船で川を遡り瀞峡へ。船は屋根が開閉式なので上のほうの景色もよく見える。志古に戻ったら瀞峡めぐりの里 熊野川でおみやげを買って新宮へ。那智勝浦に移動し、宿泊。

2日目 午前　世界遺産の熊野那智大社と那智の滝を見学
紀伊勝浦駅からバスで約30分。終点で下車、参道の石段を15分ほど上る。朱塗りの鳥居をくぐり熊野那智大社に参拝したら那智の滝へ。滝は日本一の水量と高さを誇り、日本三大瀑布のひとつに数えられる。

午後　最終便を逃さないように時刻表をチェックしておく
バスで紀伊勝浦駅へ戻り、帰途につく。

お泊まり情報　新宮や那智勝浦に宿泊するのが一般的。山の風情を味わえる川湯温泉などもいいが、交通が不便なので注意。

48 黒部川の清流と錦繍の山々 自然が奏でる色彩のシンフォニー

富山

くろべきょうこく
黒部峡谷

ココ

黒部川に架けられた真っ赤な新山彦橋を走るトロッコ電車。車窓から眺める渓谷の紅葉が美しい

黒部峡谷　157

	1		
	2	3	

[1] 猿飛峡は黒部川のなかでも最も川幅が狭く、わずか数mの場所も
[2] 黒薙駅の隣にある後曳橋。谷の深さに思わず後ずさったことからこの名がついたといわれる
[3] 客車は全部で3種類。窓のない普通車両(写真)やゆったり座れるリラックス車両などユニーク

のんびりトロッコ電車に揺られながら大自然のなかをずんずん突き進む

　山頂と川面の落差が1500～2000mにも及ぶ日本一深いV字谷。黒部川を縫うように走るトロッコ電車は黒部峡谷観光のハイライトだ。宇奈月から欅平までの全長20.1kmを平均時速16kmのゆったりとしたスピードで走り、41本のトンネルと22本の橋をスリル満点で渡っていく。エメラルドグリーンの宇奈月湖、鐘釣駅手前にある紅葉の名所、錦繍関など、移り変わる車窓からの景色はどれも美しく、トロッコをいったん降りて自然散策を楽しむのもよい。原生林が茂る森の中を歩いてみたり、人喰岩のような奇観を間近で見てみたい。峡谷沿いに建つ温泉宿から眺める景観も素晴らしい。

ℹ️ 最新情報はココでチェック

宇奈月温泉旅館協同組合	☎0765-62-1021
黒部峡谷鉄道営業センター	☎0765-62-1011
欅平ビジターセンター	☎0765-62-1155

🍀 トロッコは期間限定の運行　季節／時間

1	2	3	4	5	6	7	8	9	10	11	12

　トロッコ電車の運行期間は除雪作業が完了する4月中旬から11月下旬まで。欅平や鐘釣周辺の野趣あふれる温泉宿もこの期間のみの営業。運行期間は毎年変動するので、事前に確認したい。ベストシーズンは10月下旬～11月中旬の山あいが最も色づく紅葉の時季だが、新緑と清流が心地よい初夏もおすすめだ。

❗ ハイシーズンは予約が基本　アドバイス

　トロッコは予約なしでも乗車できるが、ゴールデンウィークや紅葉の時季は予約がいっぱいで乗車できない場合も。早めの予約が安心だ(乗車日の3カ月前から)。また、途中下車すると前途無効になるので、その場合は改めて目的地までの片道乗車券を購入する。

絶景アドバイザー

トロッコ電車の駅は全部で10あって、観光客が降りられるのは黒薙駅、鐘釣駅、欅平駅。この3駅の周辺にはそれぞれ温泉があって、秘湯巡りがおすすめです。春先や秋にトロッコ電車で移動する際は肌寒いので防寒具を用意してきてね。

ウォー太郎(黒部の名水シンボルキャラクター)

電車でもアクセスしやすい　交通

- 新魚津から宇奈月温泉駅まで富山地方鉄道本線で約30分
- 黒部ICから宇奈月温泉まで車で約20分

富山駅から向かう場合、北陸本線に乗車し、魚津駅で富山地方鉄道本線の新魚津駅に接続する。トロッコの始発駅、宇奈月駅へは富山地方鉄道本線の宇奈月温泉駅から歩いて3分ほど。

黒部峡谷鉄道トロッコ電車

- 営 7:32(宇奈月駅発)〜17:25(欅平駅発)
- ※時期により異なる
- 休 12月上旬〜4月初旬
- 料 490〜1710円(特別車両は+370円、リラックス車両は+530円)
- 黒部峡谷鉄道営業センター(予約受付)
- ☎ 0765-62-1011
- URL www.torokko-yoyaku.com

くろべえ&でんちゃー

トロッコで黒部川の深部へ　モデルプラン

1日目

午前　黒部峡谷に到着! トロッコに乗り込む
魚津から富山地方鉄道本線で宇奈月温泉へ。予約しておいたトロッコの出発時刻を待ち、乗車する。

午後　欅平駅でトロッコを降りたあとは歩いて自然散策
宇奈月駅から終点の欅平駅までは1時間20分の旅。車窓に広がる峡谷美をゆっくり味わいたい。降車後は、猿飛峡、欅平温泉の足湯、人喰岩などを周遊。峡谷沿いの温泉宿に宿泊。

2日目

午前　一年中溶けない万年雪を間近で見学
欅平から宇奈月へ戻る際に、鐘釣で途中下車。万年雪展望台や開放感たっぷりの河原露天風呂などを満喫。宇奈月温泉へ引き返す。

午後　宇奈月温泉のやまびこ遊歩道から見る絶景へ
旧山彦橋から宇奈月ダムまで続くやまびこ遊歩道を散策したあとは、魚津のしんきろうロードへ。

お楽しみワンポイント♪

トロッコグッズ
電車好きにはたまらない、黒部峡谷限定のトロッコグッズ。ゼンマイ式で動くおもちゃや、トロッコチョロQ、マグネットなど主要駅の売店で販売している。

宇奈月温泉

- エコリゾートをめざす温泉街には電気バスが走る
- 約1kmの変化に富んだ道。新山彦橋を渡るトロッコ電車が見られる
- 足湯いっぷく
- 宇奈月温泉駅
- やまびこ展望台
- 旧山彦橋
- 新山彦橋
- やまびこ遊歩道
- 黒部川電気記念館
- 黒部峡谷鉄道
- トロッコ電車の出発駅

黒部峡谷

- 宇奈月温泉
- 新柳河原発電所
- 宇奈月ダム
- 嘉例沢森林公園
- 烏帽子山
- 森石山
- 瘤杉山
- 柳橋駅
- 宇奈月湖
- 黒薙駅
- 笹平駅
- 後曳橋
- 黒薙温泉
- 車内の音声ガイドは地元出身の女優・室井滋さん
- 高さ60m、長さ64m。峡谷のなかで最も険しい場所に架かる
- 僧ヶ岳
- 駒ヶ岳
- 出平ダム
- 出六峰
- 突坂山
- 岩山が湖に垂直に落ちるように立つ。出平駅対岸に見える
- 黒二発電所
- 猫又駅
- 万年雪展望台
- 河原露天風呂
- 黒部峡谷随一の景勝地
- 錦繍関
- 鐘釣駅
- 東鐘釣山
- 鐘釣温泉
- 駅に売店やそば処がある
- 百貫山
- 小屋平ダム
- 小屋平駅
- 人喰岩
- 猿飛峡
- 欅平温泉
- 毛勝山
- 名剣温泉
- 祖母谷温泉
- 欅平駅
- 黒三発電所
- 奥鐘山
- トロッコ電車終着駅。売店でトロッコ電車グッズが手に入る。駅の近くに欅平ビジターセンターがある

立ち寄りスポット

透明度の高いお湯で有名な富山県随一の温泉郷

宇奈月温泉 うなづきおんせん

宇奈月温泉駅から徒歩すぐ

黒薙川の上流を源泉とした一大温泉街。弱アルカリ性で肌にやさしい「美肌の湯」としても知られる。温泉街には2つの足湯があり、気軽に楽しめる。黒部産の大麦を使った宇奈月ビールはぜひ試したい。

揺らめく幻想的な蜃気楼が見られる名所

しんきろうロード

新魚津駅から徒歩約15分

日本海沿いの海岸線を南北に走るドライブに最適な道路で、蜃気楼が発生する場所として有名。春先から初夏に遭遇する確率が高い。魚津埋没林博物館の西側にある蜃気楼展望地点から観察してみよう。

お泊まり情報　黒薙、鐘釣、欅平に数は少ないが自然に囲まれた秘湯旅館がある。宇奈月温泉は規模も大きく宿泊施設が充実。

黒部峡谷

49

そそり立つ岩壁を飾る木々と花々
みちのくの四季を舟上から眺める

岩手

猊鼻渓
けいびけい

清涼感漂う深緑の季節。荒々しい岩肌と木々のコントラストが美しい。透き通った水の中には川魚の姿も

猊鼻渓

	1	
	2	3

1 「こたつ舟」が行き交う冬の猊鼻渓。雪の静けさとモノトーンの風景は書画の中の世界のよう
2 川霧が白くたなびく初夏。幻想的な風情がいっそう増す
3 無骨な岩壁が最も鮮やかに彩られる季節。渓谷の錦秋は平地よりひと足先にやってくる

気軽に楽しめる深山幽谷の世界
船頭さんの歌声が岩肌にこだまする

　岩手県南部、世界遺産の平泉(ひらいずみ)にほど近い山中にあり、1925(大正14)年に同県で初めて国指定の名勝となった風光明媚な渓谷。石灰岩が浸食されてできた約2km続く断崖絶壁は高さ100mにも及び、季節ごとに装いを変える木々や可憐な花々が岩間を覆う。豪壮な岩肌とは対照的に砂鉄川の川面は穏やかで、観光客を乗せて渓谷を往復する舟下りが名物。「げいび追分(おいわけ)」の歌声とともに一本の棹で舟を自在に操る船頭が、自然や見どころについて解説してくれる。1時間半ほどの舟旅だが、次々と目の前に現れる奇岩がつくる眺望は見飽きることがなく、四季折々に豊かな表情に出会える。

最新情報はココでチェック
げいび観光予約センター ☎0191-47-2341
所 岩手県一関市東山町長坂町376
一関観光協会 ☎0191-23-2350
所 岩手県一関市駅前1 商工会館1F

オールシーズン楽しめる　季節／時間

1	2	3	4	5	6	7	8	9	10	11	12

フジの花が映える春、深緑が涼をもたらす夏、紅葉の秋、水墨画のような雪景色の冬と、どの季節に訪れても楽しめる。初夏には運が良ければ川から立ち上る幻想的な光景に出会える。

- **花の見ごろ**　フジ 5月下旬～6月上旬　ヤマユリ 7月
- ゲイビセキショウ 5月下旬～6月上旬　紅葉 10月中旬～11月上旬

食事しながら風雅な舟旅も　アドバイス

春先や紅葉のシーズンは朝夕を中心に肌寒く感じられるので、念のため1枚多く着込んで出かけたい。船内は飲食自由なので、渓谷美のなかでのんびりと食事を楽しむのも贅沢。前日までに予約すれば弁当などが注文できるほか、持ち込みも可能。

絶景アドバイザー

春から秋にかけては水中の魚が、秋から春にかけてはカモが舟についてくることがあります。エサをあげると楽しいですよ。折り返し地点にある「願掛けの穴」では、「運玉」を投げ入れて運試しにチャレンジしてみてください!

千葉さん(げいび観光センター)

地図内ラベル

- 気仙沼駅
- 食事処やおみやげの売店がある
- げいびレストハウス
- げいび観光予約センター
- 東山和紙紙すき館
- 和紙を販売しているほか、紙すき体験も
- ひがしやま観光ホテル
- げいび苑
- たかこう
- 猊鼻渓舟下り乗船場
- 猊鼻渓駅
- 舟下りはここからスタート
- 高さ90mの夫婦岩の一対
- 女性の横顔に見える夫婦岩の一対
- 新緑や紅葉の時季は見応えがある
- 鏡明岩
- 晩春にはフジの花が岩を覆う
- 藤岩
- 凌雲岩
- 壮夫岩
- 少婦岩
- 錦壁岩
- 猊鼻渓
- 砂鉄川
- 周りの木々が馬のたてがみのように見える
- 朝日が反射すると岩が鏡のように
- 毘沙門窟
- あまよけの岩
- 古桃渓
- 三好ヶ丘
- 船着場
- 馬髭岩
- げいび橋
- 一ノ関駅
- 川霧が発生すると雲に浮いたように見える
- 幅5m、奥行30mの鍾乳洞
- 昔はここで雨をしのいだという
- 涼風吹き抜ける岩壁の間の谷
- 獅子ヶ鼻
- 仙帯岩
- 大猊鼻岩
- 願掛けの穴
- 猊鼻渓の名前の由来となった、鼻のような形の岩
- 高さ124m。舟下りで行ける最奥にある
- 大猊鼻岩の上部にあり、帯状に見える

🚗 鉄道でも車でもアクセスは容易　　交通

■ 一ノ関駅から猊鼻渓駅までJR大船渡線で約30分

- 盛岡駅
- 中尊寺
- 毛越寺
- 平泉駅
- 達谷窟
- 一関IC
- 猊鼻渓駅
- 猊鼻渓
- 岩手県
- 一ノ関駅
- 大船渡線
- 気仙沼駅
- JR大船渡線で約30分
- 東北本線
- 仙台駅
- 宮城県

車の場合、世界遺産・平泉からは30分ほどの距離。乗船場やレストハウスの周辺に駐車場がある。平泉駅からは岩手県交通のバスが2時間に1本程度運行している(冬季運休)。

猊鼻渓舟下り
☎0191-47-2341(げいび観光予約センター)　営8:30〜16:30 ※時期により異なる　休荒天時　料1600円

お楽しみワンポイント♪

猊鼻渓イベント舟

毎年12〜2月には、こたつで暖をとりながら舟下りができる「こたつ舟」が運航。予約すれば名物の「木流し鍋」や釜飯のコース料理も注文できる。そのほか、舟上での茶会が楽しめる5月と9月の「茶席舟」、夏の夕暮れを行く7〜8月の「夕暮れ舟」、十五夜の「お月見舟」など多彩なイベント舟がある。「舟上十六夜コンサート」も開催。

📝 平泉と組み合わせた計画を　　モデルプラン

1日目

午前：**一ノ関駅から早速猊鼻渓へ向かう**
東北新幹線で一ノ関駅に到着後、大船渡線に乗り換えて猊鼻渓駅へ。乗船場やレストハウスは歩いてすぐ。

午後：**舟下りを楽しんだら、空いた時間で一関観光**
レストハウスで昼食をとったら、舟下りへ出発。1時間半ほどで乗船場へ帰ってくる。一関市街へ戻り、城下町を散策。名物の餅料理を食べて、周辺に宿泊。

2日目

午前：**世界遺産・平泉の主要スポットを巡る**
鉄道を使って平泉へ。中尊寺、毛越寺の2大寺院はぜひ訪れたい。町内は巡回バスが走っているので移動に活用しよう。駅からレンタサイクルも利用できる。

午後：**厳美渓でもうひとつの渓谷美を体感**
厳美渓へのバスは平泉駅から(途中、達谷窟で乗り換え。冬季は運休)、または一ノ関駅から乗車する。

立ち寄りスポット 👟

世界遺産の街の観光には欠かせない大寺院

中尊寺　ちゅうそんじ

平泉駅から平泉町巡回バス「るんるん」で約10分

奥州藤原氏初代、清衡によって造営された平泉を代表する寺院。国宝建造物第1号の金色堂をはじめ、3000点以上の国宝や重要文化財を有する平安仏教美術の宝庫だ。

猊鼻渓とはひと味違った趣を楽しみたい

厳美渓　げんびけい

一ノ関駅から岩手県交通バスで約20分

急流から翡翠色の緩流まで、変化に富んだ景観がおよそ2kmにわたって続く。対岸からロープをつたって運ばれてくる名物「空飛ぶだんご」も購入したい。

🏨 **お泊まり情報**　一ノ関駅・平泉駅周辺のホテルや旅館、厳美渓方面の温泉宿を利用したい。猊鼻渓のすぐそばにはホテルが1軒。

50 白い岩峰を新緑や紅葉が彩る
日本随一の渓谷美に魅せられて

山梨

しょうせんきょう
昇仙峡

勇壮な姿で見る者を圧倒する覚円峰。その昔、覚円という僧が頂上で修行をしたと伝えられる

昇仙峡

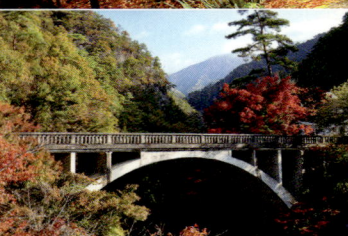

1. ポスターなどでもおなじみの圧巻の紅葉風景。中心部は10月中旬〜11月下旬が見ごろ
2. 日本の滝100選にも選ばれている、落差30mの壮麗な仙娥滝
3. 昇仙峡の入口に架かる建築史的にも有名な美しいアーチ橋、長潭橋（ながとろばし）

無数に散らばる奇岩を眺めながらマイナスイオンに満ちた遊歩道を行く

　金峰山の南麓から流れ出る荒川が、花崗岩を浸食してつくり上げた日本屈指の渓谷。甲府駅から車で30分足らずのところに深山幽谷のこれほどの景勝地があることに驚かされる。最下流の天神森から仙娥滝にいたる約4kmがとくに美しく、切り立った岩肌に群生する松やモミジ、ツツジなどが、四季折々に色鮮やかで、訪れる者を魅了してやまない。途中、オットセイ岩や猿岩などの奇岩、奇石も次々と姿を現し、昇仙峡のシンボルともいえる高さ180mの覚円峰がそそり立つさまも圧巻だ。天神森と能泉の間は、名物のトテ馬車も走っており、観光気分を盛り上げてくれる。

最新情報はココでチェック
- 昇仙峡観光協会　090-8648-0243／055-287-2158
- 甲府市観光協会　055-226-6550
- 甲府市観光課　055-237-5702

11月の紅葉シーズンが人気　季節／時間

| 1 | 2 | 3 | 4 | 5 | 6 | 7 | 8 | 9 | 10 | 11 | 12 |

四季折々に異なった魅力があり、いつ行っても楽しめるが、やはりベストシーズンは白い岩肌と紅葉のコントラストが美しい11月。木々が芽吹く新緑の季節も爽快な森林浴が楽しめる。

花の見ごろ　桜　4月上旬〜中旬　　ミツバツツジ　4月〜5月初旬
紅葉　10月中旬〜11月下旬

混雑時は9時前到着が目標　アドバイス

人気が高いので通年多くの人々が訪れるが、とくに11月の週末には周辺の道路が渋滞するほど混雑する。車で出かけるなら、駐車場確保のためにも朝早く到着するように計画を立てたい。遊歩道は舗装されているが、スニーカーレベルの靴は必須。

絶景アドバイザー

人気の観光地といえども山ですので、歩きやすい服装でお越しください。天候の急変に備えて携帯できる雨具があると安心です。昇仙峡を楽しむコツは、「がんばって歩かないこと」。草花を眺めたり、野鳥のさえずりや木々のざわめきに耳を傾けたりして、ゆっくりと散策を楽しんでください。

田中さん（昇仙峡渓谷ホテル）

甲府駅から簡単アクセス　　交通

■ 甲府駅から昇仙峡口まで山梨交通バスで約30分

バスは昇仙峡口のほか、中間地点のグリーンライン昇仙峡や遊歩道終点の昇仙滝上にも停車する。本数が少ないので事前に確認しよう。車で行く場合は、甲府昭和ICから約30分。長潭橋〜能泉間の渓谷沿いは、5〜11月の9〜17時、平日は上り方向への一方通行、土・日曜、祝日は歩行者専用となるので注意。

すがすがしい朝、再び渓谷へ　モデルプラン

1日目　午前
遊歩道沿いは撮影スポットの連続
昇仙峡口バス停から奇岩が転がる渓流沿いを進む。お昼は仙娥滝付近の食堂で名物のそばやほうとうを。

1日目　午後
山頂からの景色も一見の価値あり
ロープウェイで山頂のパノラマを楽しみ、その後、石門付近まで逆ルートで戻って別の角度から再度覚円峰の絶景を眺める。夜は昇仙峡近くのホテルに宿泊。

2日目　午前
早朝から渓谷美を堪能し、一路、清里へ
朝の渓谷散歩を楽しみ、清里方面へ向かう。途中、点在する直売所で新鮮な高原野菜や果物をおみやげに。

2日目　午後
爽快な高原ドライブを楽しむ
お昼は清里の人気スポット、清泉寮で。

お楽しみワンポイント♪

✳ 昇仙峡ロープウェイ
麓の仙娥滝駅から山頂のパノラマ台駅を結ぶ、全長1015mのロープウェイ。天気のいい日は山頂から富士山や南アルプスが見渡せる。
- 営 9:00〜17:30（12〜3月は〜16:30）
- 休 年1回不定休
- 料 往復1000円（2015年10月から1200円）

甲府鳥もつ煮
レバーや砂肝といった鶏のもつを醤油ベースの甘辛いタレで煮込んだ甲府名物。市内のそば屋などで食べられる。

ほうとう
カボチャやネギなど、たっぷりの野菜と幅広の麺とを味噌仕立ての汁で煮込んだ郷土料理。ほうとうのチェーン店もある。

立ち寄りスポット

重要文化財の山門と金堂は必見
甲斐善光寺　かいぜんこうじ

昇仙峡から車で約40分

1558（永禄元）年、武田信玄が川中島の合戦の際に、信濃善光寺の焼失を恐れて、ご本尊などを移したのが起源。宝物館は見応えがある。

八ヶ岳南麓に広がる牧歌的な高原リゾート
清里　きよさと

昇仙峡から車で約1時間30分

標高約1200mに位置しており、真夏でも日陰は爽やか。清里のシンボル・清泉寮、広大な農場や公園などの見どころが点在。地元の食材を駆使した評判のグルメスポットも。

お泊まり情報　渓谷内にホテルが1軒ある。甲府湯村温泉へは車で約20分。甲府駅周辺にも宿泊施設は多い。

昇仙峡　167

51 観光客が感動する吊り橋に村人たちの思いがこもる

たにぜのつりばし
谷瀬の吊り橋

奈良

川を挟んだ両岸の集落の人々が行き交うための橋として架橋。生活用鉄線橋としては日本一の長さ

谷瀬の吊り橋

	1	
2	3	

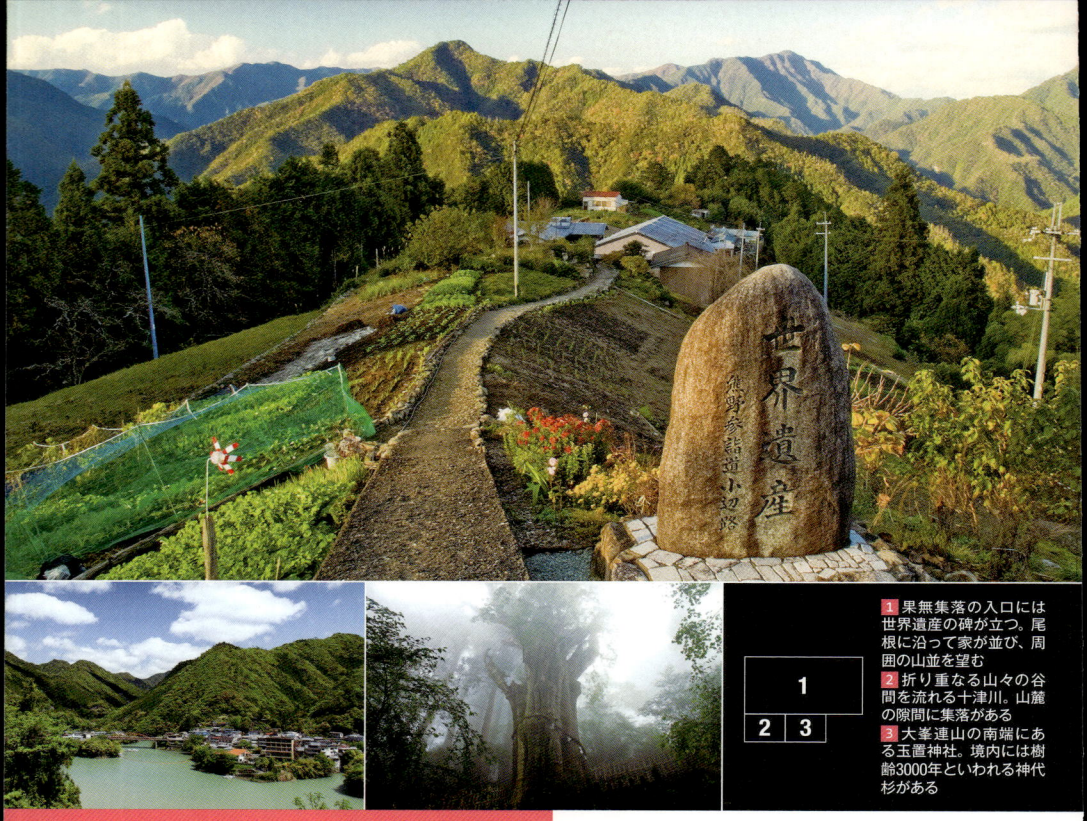

1 果無集落の入口には世界遺産の碑が立つ。尾根に沿って家が並び、周囲の山並を望む
2 折り重なる山々の谷間を流れる十津川。山麓の隙間に集落がある
3 大峯連山の南端にある玉置神社。境内には樹齢3000年といわれる神代杉がある

山深い村に架けられた一本の吊り橋
忘れられないスリルと感動を味わう

奈良県の最南部、紀伊山地の山々に囲まれた村がある。村としては日本一の広さを誇る十津川村だ。村の北部、十津川に架かる谷瀬の吊り橋は、集落を結ぶ生活のための橋として1954(昭和29)年に架けられた。それまで村人たちは丸木の橋を行き来していたが、洪水のたびに流されるため、私財を出し合い、村の協力も得て800万円をかけて吊り橋を造った。この長さ297.7m、高さ54mの橋は、渡るとゆらゆらと揺れてスリル満点。橋の下を流れる十津川や周囲の山々の景観も美しく、観光地としても人気がある。吊り橋を渡ったあとは、のどかな村の暮らしや温泉巡りも楽しみたい。

🍀 桜以外の季節の花も美しい　季節／時間

1	2	3	4	5	6	7	8	9	10	11	12

渓谷と山々の色が美しく映える春と初夏、秋がおすすめ。桜は4月上旬が見ごろ。ゴールデンウィークが来ると新緑の季節。シャクナゲやシャガの群落などさまざまな花が咲く。紅葉は11月上旬～中旬。毎年8月4日には橋の上で揺れ太鼓の演奏がある。8月の十津川の大踊りは国指定重要無形民俗文化財。

⚠ 見ても渡っても楽しめる橋　アドバイス

谷瀬の吊り橋は鉄線でできているが、吊り橋なので人が歩くと想像以上に横揺れする。そのため橋を渡れるのは一度に20人未満に制限されている。また、バイクや自転車の乗り入れは禁止。ゴールデンウィークとお盆は、一方通行になることもある。

絶景アドバイザー

吊り橋を渡った先にあるつり橋茶屋では、目線の高さに吊り橋の全景を望みながら、地元産のめはり寿司や柚子シャーベットが味わえます。時間がある方は、地元で整備した展望台へと続く「ゆっくり散歩道」を歩いてみてください。のんびりした田舎の風景が広がりますよ。

つり橋茶屋のみなさん

ℹ 最新情報はココでチェック

十津川村観光協会 ☎0746-63-0200
📍 奈良県吉野郡十津川村小原315-1
十津川村役場 観光振興課 ☎0746-62-0004

🚗 路線バスの時刻は要確認　　交通

五条駅から**上野地**まで奈良交通バスで約2時間

日本一距離の長い路線バスとして知られる奈良交通バス八木新宮線を利用する。谷瀬の吊り橋への停留所は上野地（うえのじ）。本数は少ないので注意。十津川村の村内は村営バスが数路線を走る。車の場合は、葛城ICから約1時間30分、南紀白浜空港から約2時間30分。

✏️ 十津川村の見どころを満載　　モデルプラン

1日目 午後　レンタカーで吊り橋へ
五条駅に到着後レンタカーを借りる。国道168号を南下し、谷瀬の吊り橋へ。周囲の景観を楽しむのも忘れずに。宿泊は十津川温泉。

2日目 午前　天空の郷とも称される果無集落に感動
人力ロープウェイ・野猿と果無集落でスリルと絶景を味わう。野猿に乗れるのは2カ所。果無集落へは徒歩でも車でも行ける。登山道は登りが急だ。

2日目 午後　鬱蒼と茂る杉の木立に修験の場を感じる
十津川と瀞峡の間にそびえる玉置山の山頂付近に建つ玉置神社を見学。標高1000mの涼しさを体感する。

お楽しみワンポイント♪

✳ 野猿
橋がない谷間を渡るために使われた。谷間にワイヤーロープを掛け、やかたと呼ばれる屋根付の箱に乗り、ロープを手繰りながら進む。今は観光用のみ。

✳ 日帰り温泉
全国で初めて「源泉かけ流し宣言」をした十津川村には、湯泉地（とうせんじ）、十津川、上湯（かみゆ）の3つの温泉地に21の入浴施設がある。日帰り入浴が可能な宿のほか、公衆浴場もある。

■ 柚べし
そば粉、もち粉などの具材を味噌と混ぜ、中身をくりぬいたゆずに詰めたもので、十津川村伝統の保存食。酒肴として好まれる。

★ 谷瀬の吊り橋

- **十津川で最も歴史の古い温泉。公衆浴場の「滝の湯」と「泉湯」がある**
- **村の特産品コーナー、喫茶コーナー、足湯などが揃う**
- **世界各地のシャクナゲ約120種、1万本を集めた「世界の森」がある（見ごろは4月下旬～5月中旬）**
- **無料で利用できる人力のロープウェイ。こことホテル昴の2カ所で乗れる**
- **長さ84mの吊り橋。近くには「大野出合のヴィーナス」と呼ばれる顔面岩がある**
- **旅館やみやげ物屋、食事処などが集まり最も賑やか**
- **高野山と熊野本大社を結ぶ全長72kmの参詣道。険しい山道が続く**

立ち寄りスポット 👟

民家の庭先を通る尾根道は、世界遺産の参詣の道

果無集落　はてなしゅうらく

谷瀬の吊り橋から車で約1時間

世界遺産に登録された熊野参詣道、小辺路が民家の庭先を通る。集落には家や田んぼが急な斜面に並び、その景色は懐かしさを覚える。

神秘的な空気が漂う山頂の神社は荘厳そのもの

玉置神社　たまきじんじゃ

谷瀬の吊り橋から車で約1時間45分

大峯連山の行場のひとつでもあり、熊野三山の奥の宮とされる。平安時代は霊場として栄えた。境内には神代杉などの巨木が立ち並ぶ。

🏠 **お泊まり情報**　おもに温泉のある集落に宿泊施設が集まるが、温泉にこだわらなければ観光地の近くにもある。

52 美しいカーブを描く大橋で エメラルドグリーンに輝く海を渡る

山口

角島大橋
つのしまおおはし

本州屈指の透明度を誇る海に架かる壮大な橋の美しさに見惚れる

　日本海に浮かぶ角島と本州とを結ぶ角島大橋は、2000(平成12)年に開通した全長1780mの無料大橋。そのシャープなデザインとエメラルドグリーンの海とのコントラストが印象的で、映画やCMのロケ地としても有名。昼間はもちろん、夕日に照らされた姿や夜景も素晴らしい。さまざまな角度から橋を眺めたあとは、爽快な海上ドライブを楽しもう。

最新情報はココでチェック
豊北町観光協会　☎083-786-0234　山口県下関市豊北町神田上314-1（道の駅 北浦街道豊北）

海の美しさが際立つ夏に　季節／時間

| 1 | 2 | 3 | 4 | 5 | 6 | 7 | 8 | 9 | 10 | 11 | 12 |

一年を通して美しいたたずまいを見せるが、ベストシーズンはやはり海がエメラルドグリーンに輝く夏。角島では海水浴なども楽しめる。夜になると橋は街灯に照らし出され、また違う一面を見せる。

撮影スポットに要注意!　アドバイス

橋の途中に停車場所があるが、ここはあくまで非常用の駐車スペース。撮影のために停車するのはNGだ。橋全景を眺めたり撮影する場合は、橋手前の海士ヶ瀬公園展望台や、角島に入ってすぐの瀬崎陽の公園に立ち寄ろう。行楽シーズンは橋へ向かう県道や角島内が渋滞するので、時間に余裕をもって訪れたい。

橋の手前の展望台から全景を望む。天候や時間帯、角度によって印象を変え、訪れる者を魅了する

🚗 輝く海の上を車で疾走　　交通

■ 美祢IC または 小月IC から 角島大橋 まで車で約1時間

滝部駅(または特牛駅)からバスで行く方法もあるが、運行本数は少ない。レンタカーを利用する場合は、山陽新幹線の新下関駅か山陽本線の下関駅から借りるのが便利だ。

📝 日本海の恵みを堪能する　　モデルプラン

1日目

午前　**レンタカーを借りて角島をめざす**
新下関駅でレンタカーを借りて北上する。1時間ほどで角島大橋に到着。橋を渡る前に展望台に立ち寄ろう。

午後　**さまざまに表情を変える橋の姿とのどかな島旅を満喫**
角島へと渡り、島内散策。しおかぜコバルトビーチや角島灯台、しおかぜの里角島などを巡る。橋の夕景や夜景もゆっくり眺め、近くのホテルに宿泊。

2日目

午前　**県内のその他の見どころへも立ち寄ろう**
午前中は再び展望台へ。より海が輝き撮影にも最適。ここから南下し、下関・関門海峡へ。萩や秋芳洞に行くのもいい(いずれも角島から車で約1時間30分)。

午後　**関門海峡付近は新鮮な魚介の宝庫**
唐戸市場で海鮮三昧。巌流島クルーズなども楽しめる。

🛏 **お泊まり情報**　橋の手前や島内にホテルや旅館が数軒ある。長門湯本温泉や川棚温泉へは車で40分ほど。

角島大橋　173

53 その景色との出会いは一度きり。訪れるたびに、姿が変化する「幻の橋」

タウシュベツ橋梁（タウシュベツきょうりょう）

北海道

上士幌町の糠平湖に架かる全長130mのコンクリート製アーチ橋

旧国鉄士幌線の鉄道橋だった橋梁が、その本来の役目を終えたのは1955(昭和30)年。発電用ダムの建設によりダム湖の糠平湖に一帯が沈むこととなり、運行ルートが変更に。橋上の線路は撤去されたが、橋梁はダム湖の中に残された。場所柄、季節や放水状況などにより水位が変化。姿が隠れたり現れたりすることから「幻の橋」とも呼ばれる。

最新情報はココでチェック
上士幌町観光協会 ☎01564-4-2224 所 北海道河東郡上士幌町ぬかびら源泉郷48-2(ひがし大雪自然館)

季節により上下する水位　季節/時間

1	2	3	4	5	6	7	8	9	10	11	12

湖面に橋梁が反射する景色が眺められるのは5～6月頃。その後、徐々に水位が上がりはじめ、10～12月頃にはほとんどが水没。そこから3月頃までの冬の間に、凍結した湖面を突き破り、再び姿を現す。ただし、年によって時期が異なる場合も多い。

近くで見るならツアーを利用　アドバイス

橋梁までの林道は許可車両以外の通行が禁止されているため、近くまで行くなら、ぬかびら源泉郷発着のツアーに参加する。予約が必要で、旧国鉄士幌線のアーチ橋を巡るツアーや、氷結した糠平湖を横断する冬季限定のツアーも催行している。

ひがし大雪自然ガイドセンター
☎01564-4-2261 URL www.netbeet.ne.jp/~shizen/

穏やかな湖面にコンクリート製のアーチが反射し見事。この景色から「めがね橋」という愛称もついた

🚗 展望台に行く人はレンタカーを　交通

タウシュベツ橋梁
糠平湖
ぬかびら源泉郷
ナイタイ高原牧場
北海道
道東自動車道
274
273
241
十勝バスで約1時間40分
帯広駅
根室本線
車で約1時間30分
236
とかち帯広空港
0　20km

とかち帯広空港から**ぬかびら源泉郷**まで車で約1時間30分

帯広駅から**ぬかびら源泉郷**まで**十勝バス**で約1時間40分

橋梁から750mほどの距離にある糠平湖対岸の展望台へは車が必須。訪れる予定なら帯広からレンタカーを利用しよう。また、十勝バスは1日の本数が少ないので、事前に時刻を確認しておきたい。

✏️ 雄大な自然と温泉を楽しむ　モデルプラン

1日目 午前
橋梁観光の拠点となる温泉地へ
帯広駅から車でぬかびら源泉郷に向かう。源泉郷内とその周辺には、ガソリンスタンドがないので注意。

1日目 午後
ツアーに参加して、橋梁を見学
宿泊する温泉旅館に荷物を預けて、ツアーの集合場所である糠平温泉文化ホールへ。タウシュベツ橋梁を含む旧国鉄士幌線のアーチ橋をガイドとともに巡る。ツアーのあとは、温泉に入って心も体もリフレッシュ。

2日目 午前
日本一の面積を誇るナイタイ高原牧場を訪れる
東京ドーム358個分という広大な面積のナイタイ高原牧場へドライブ。標高800mにあるレストハウスでは、地元特産品の買物や食事、濃厚なソフトクリームなどが楽しめる。

お泊まり情報　ぬかびら源泉郷では宿泊者向けに、加盟旅館の温泉が無料で入れる外湯巡りのサービスがある。　　タウシュベツ橋梁

54 引き込まれるように碧い海の上を まっすぐに快走する

沖縄

こうりおおはし
古宇利大橋

橋の手前に車を停めて、橋の上を歩くこともできる。透明度の高い海を真上から覗き込んでみては

離島に向かって延びる 全長約2kmの絶景ドライブコース

　沖縄本島に近い屋我地島と、その沖に浮かぶ古宇利島をつなぐ橋として、2005(平成17)年に開通。全長は1960mにもわたり、車で駆け抜けると爽快感に包まれる。橋の両側に広がるのは、はっとするほど青く透き通った海。島に向かって走る間、コバルトブルーからエメラルドグリーンへと変化していく海の色を楽しみたい。

🛈 最新情報はココでチェック
今帰仁村(なきじんそん)観光協会　☎0980-56-1057
今帰仁村経済課商工観光係　☎0980-56-2256(内線206)

🍀 海の穏やかな晴天時を選んで　季節／時間

1	2	3	4	5	6	7	8	9	10	11	12

古宇利大橋から望む海は年間を通して美しいが、台風のあとや、冬の風が強い日は海が荒れていて眺めが良くない。晴天で海が穏やかな日、太陽が真上にある昼間に橋を渡るのがよい。さらに満潮時を選べば、期待どおりの美しい海が見られるはず。

❗ 写真を撮るなら橋の手前で　アドバイス

撮影スポットは屋我地島側の橋の手前。駐車スペースがあり、橋と海をバックに写真撮影ができる。また、橋を渡った先にある古宇利島は沖縄の原風景が残る心地よい場所。海水浴や島内散策をしてのんびり過ごそう。

空港からはレンタカーがスムーズ 交通

那覇空港から**古宇利大橋**まで車で**約1時間30分**

レンタカー以外の交通機関を使って行く場合、まずは那覇空港から那覇空港線リムジンバスで今帰仁村役場へ。さらにタクシーに10分ほど乗り、屋我地島を通って古宇利大橋へ。

今帰仁エリアでドライブの旅 モデルプラン

1日目

午前：空港から車で古宇利大橋をめざす
那覇空港でレンタカーを借りて北上。古宇利大橋へ。

午後：橋から絶景を眺めたら、古宇利島内を楽しむ
古宇利大橋の手前で車を停めて記念撮影。その後、橋を渡りながら眼下に広がる絶景を満喫する。古宇利島に着いたら、島の食堂でランチ。7～8月なら濃厚なウニ丼も味わえる。その後は島内散策をしたり、ビーチでくつろいだりして過ごし、夜は民宿に泊まる。

2日目

午前：本島に戻って今帰仁城跡を観光
本島に戻ったら、向かうのは世界遺産・今帰仁城跡。琉球王国の成立前に割拠した三大勢力のひとつ、北山の王の居城跡を見学できる。

午後：近くの人気スポット、沖縄美ら水族館へ
美ら海水族館で、再現された沖縄の海を楽しむ。

お泊まり情報 宿泊は古宇利島内か、本島の今帰仁エリアで。リゾートホテルや民宿、貸別荘などがある。

古宇利大橋

55 雄大な原生の森の奥に現れる 青い輝きを放つ神秘の池

青森

じゅうにこのあおいけ
十二湖の青池

穏やかな陽光と緑葉が映り込んだ
水面は幻想的な青に満ち、見つめ
ていると今にも吸い込まれそうだ

十二湖の青池

1. 白神の森 遊山道のブナ林。豊かな原生林をトレッキングで楽しむ
2. エメラルド色にきらめく沸壺の池は、青池と並ぶ透明度を誇る
3. 鶏のトサカの形をしていることから名付けられた鶏頭場の池。ブナやミズナラに囲まれ、清らかな水をたたえる

手つかずの自然がつくり出す 心が洗われるような青の世界

　秋田県北西部と青森県南西部にまたがる白神山地は、日本一広いブナの原生林で、一部が1993（平成5）年に世界遺産登録されたが、その核心地域は自然保護の目的のため入山が規制されている。

　十二湖は、白神山地の北西部の一角にある大小33の湖沼群の総称。どれも透明度の高い湖や池だが、とくに人々を魅了する美しさを持つのが最奥部にある青池だ。豊かなブナ林に囲まれきらめく水面は、光の差し込み具合によって藍色やコバルトブルーに変わる。この池がなぜ青いのかは未だに解明されておらず、そのことがまた、青池を神秘の存在たらしめているのかもしれない。

i 最新情報はココでチェック

深浦町観光協会　☎0173-74-3320
十二湖ビジターセンター　☎0173-77-2138（4〜11月）
所 青森県西津軽郡深浦町松神山国有林内

薫風に吹かれながら森林浴　季節／時間

1	2	3	4	5	6	7	8	9	10	11	12

まだ肌寒いながらもやわらかな日差しが心地よい4月が山開き。なんといってもベストシーズンは、新緑が美しい5〜6月。10月中旬の紅葉の時季もきれいだが、落ち葉で青池が見えなくなることもある。12〜3月は入山不可。

軽装でもよいが、足元に注意　アドバイス

装備は普段着に履き慣れた運動靴で行けば十分だが、慎重を期すならトレッキングシューズで。雨のあとはぬかるみが多くなるので、長靴を用意しておきたい。夏場は虫刺され対策を忘れずに。虫よけスプレーのほかに、薄手の長袖でもあると安心。エリア内にトイレは6カ所ある。

絶景アドバイザー

斉藤さん（アオーネ白神十二湖）

青池の美しさが際立つお昼前後の時間帯がおすすめです。じっくり歩きたい方は地元ガイドを付けるのもいいでしょう（要予約）。遊歩道では、立ち止まって木肌に触れたり思いきり深呼吸したり、じっくりと白神山地の豊かな自然を堪能してください。

地図内の注記

- 十二湖や、その周辺に生息する動植物の資料が見られる
- 2つの池からできており、手漕ぎボートに乗ることができる
- 清らかな水をたたえた池
- 食事処。熊を飼っている
- 凝灰岩の浸食によってできた景勝、日本キャニオンを眺めることができる
- 白神ライン
- 未舗装の場所が多いので、走行時は注意
- 十二湖で最も大きな池
- この山の崩壊によって十二湖が形成されたといわれる
- レストランなども併設したキャンプ場

★ 十二湖の青池

🚗 海と山の佳景を眺めながら北上　〔交通〕

- 秋田駅から東能代駅までJR奥羽本線で約1時間 ➡
- 東能代駅から十二湖駅までJR五能線で約1時間20分 ➡
- 十二湖駅から奥十二湖駐車場まで弘南バスで約15分

秋田駅から十二湖駅へは鉄道で約2時間20分。リゾートしらかみを利用すれば、乗り換えなしで行くことができる。十二湖駅からはバスに乗り換えて約15分、奥十二湖駐車場バス停から青池までは歩いて約10分で到着する。車で行く場合は、秋田駅から奥十二湖駐車場まで約2時間30分。青森駅からは鉄道の場合、最短で約3時間、車で奥十二湖駐車場まで約3時間15分。

✏️ 白神山地の雄大な森を散策　〔モデルプラン〕

1日目 午前　道中の景色を楽しみながら、十二湖の入口へ
鉄道とバスを乗り継ぎ、奥十二湖駐車場バス停で下車。森の物産館 キョロロでひと休みして、トレッキングへ。

1日目 午後　青池をはじめとした湖沼を巡るトレッキング
ブナ林道を歩いて約10分で青池へ。周辺散策もたっぷり満喫したら、五能線で北上して鰺ヶ沢で宿泊。

2日目 午前　ガイドツアーで稀少な動植物に出会いたい
鰺ヶ沢駅から弘南バスで白神の森 遊山道へ。バスは1日1往復。ガイドツアーに参加する。

2日目 午後　白神山地の魅力を胸に、旅を終える
休憩所のくろもり館で白神山地に関する展示などを見学。バスで鰺ヶ沢駅へ戻り、鉄道に乗って弘前方面へ。

立ち寄りスポット

白神山系に抱かれた約52haの原生林へ
白神の森 遊山道　しらかみのもり ゆうざんどう

〈鰺ヶ沢駅から白神の森 遊山道バス停まで弘南バスで約30分〉

鰺ヶ沢町の黒森地区にあるトレッキングコース。入山料は大人500円、小・中学生400円。入山できるのは4月下旬～10月下旬。ブナ林の中に整備された張り出し遊歩道や、木の中の音を聴くための聴診器などで自然が満喫できる。

渓流沿いの涼やかな道を、滝をめざして歩く
暗門の滝　あんもんのたき

〈弘前駅からアクアグリーンビレッジANMONバス停まで弘南バスで約1時間30分〉

世界遺産地域の散策コースは6月下旬～11月第1週末まで入山できる。片道約1時間で3つの滝を巡る。美しい紅葉景色でも知られるスポット。

お楽しみワンポイント♪
リゾートしらかみ

秋田駅と青森駅を結ぶJR五能線の観光列車。秋田駅から十二湖駅へは約2時間。1日3往復あり、うち1往復は秋田駅～弘前駅間の運行（時期により異なる、要確認）。ゆったりとした座席でくつろぎながら、日本海と白神山地の景観が楽しめる。絶景ポイントでの徐行運転や、イベントベースでの津軽三味線の生演奏などうれしいサービスも。

お泊まり情報　鰺ヶ沢駅周辺にいくつか旅館やホテルが点在している。数が多くないので、予約は早めにしたい。

56 日本屈指の山岳景勝地に幻想世界を醸し出す静寂の池

長野

かみこうちのたいしょういけ
上高地の大正池

紅葉に染まる晩秋の大正池。水没した立ち枯れの木がどこかもの悲しい風景を見せる

1 上高地のシンボル・河童橋。橋の上は、梓川と穂高連峰が見事に写真に納まる特等席だ
2 初夏の大正池。風のない日は、優美な逆さ穂高連峰が姿を見せる
3 田代湿原の奥にある田代池はとても浅い。原生林と草原に囲まれ、穏やかな表情を見せる

水面に浮かぶ勇壮な焼岳や穂高岳 季節や時間により多様な顔を見せる

梓川の流れに沿って、細長い谷間に広がる標高1500mの上高地。梓川の清流や原生林、点在する湖沼や湿原、穂高連峰の雄大な遠望。それらが織りなす美景を気軽に散策しながら楽しめることから、年間120万人以上がこの地を訪れる。そんな人気の山岳リゾートで、河童橋とともに象徴的な風景が大正池だ。1915(大正4)年の焼岳の大噴火の際に、梓川が堰き止められて生まれた。水没した立ち枯れの木がたたずむコバルト色の池。その向こうには焼岳が今も噴煙を上げて、神秘の気配を添える。紅葉の時季の鮮やかな眺めは見事だが、白い靄に包まれる夏の朝もまた美しい。

最新情報はココでチェック
松本市山岳観光課 ☎0263-94-2307
上高地インフォメーションセンター ☎0263-95-2433 (4月中旬〜11月15日のみ開館) 所上高地バスターミナル隣接

開山期間中ずっと魅力的 季節/時間

| 1 | 2 | 3 | 4 | 5 | 6 | 7 | 8 | 9 | 10 | 11 | 12 |

5〜6月は新緑と山の残雪が美しい。高山植物の咲く7〜8月、草と樹木の紅葉する9〜10月も多くの人が訪れる。毎年11月15日の上高地閉山祭から4月27日の開山祭の間は、施設がすべて休業となり、釜トンネルより先は交通機関も運行しなくなる。

花の見ごろ サンカヨウ 5〜6月 ニリンソウ 5〜6月
ニッコウキスゲ 6〜7月 ノコンギク 8〜9月

5つのルールを守ろう アドバイス

植物や昆虫を採らない、動物にエサを与えない、ペットを持ち込まない、ゴミを捨てない、歩道以外に踏み込まないの5つの公式ルールを守ろう。帰りの上高地から新島々へ行く路線バスは事前に整理券が必要なので、早めに手に入れておきたい。

絶景アドバイザー

風のない早朝には、大正池に映る焼岳がとってもきれいです。季節によっては、朝霧がたちこめて幻想的な時間。上高地に1泊して、早朝の特別な時間を楽しんでください。平地に比べて寒いので、事前に現地の気温を確認しておくといいですよ。

山部さん(上高地ナショナルパークガイド)

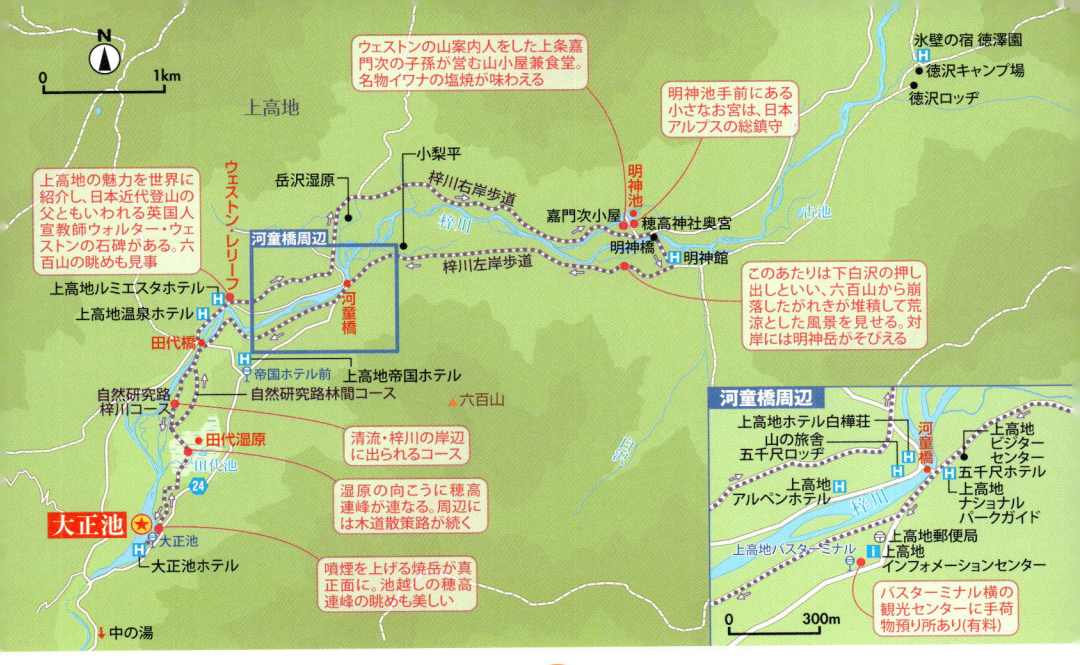

上高地

- 上高地の魅力を世界に紹介し、日本近代登山の父ともいわれる英国人宣教師ウォルター・ウェストンの石碑がある。六百山の眺めも見事
- ウェストンの山案内人をした上条嘉門次の子孫が営む山小屋兼食堂。名物イワナの塩焼が味わえる
- 明神池手前にある小さなお宮は、日本アルプスの総鎮守
- 氷壁の宿 徳澤園
- このあたりは下白沢の押し出しといい、六百山から崩落したがれきが堆積して荒涼とした風景を見せる。対岸には明神岳がそびえる
- 清流・梓川の岸辺に出られるコース
- 湿原の向こうに穂高連峰が連なる。周辺には木道散策路が続く
- 噴煙を上げる焼岳が真正面に。池越しの穂高連峰の眺めも美しい

河童橋周辺

- 上高地ホテル白樺荘
- 山の旅舎 五千尺ロッヂ
- 上高地アルペンホテル
- 河童橋
- 上高地ビジターセンター
- 五千尺ホテル
- 上高地ナショナルパークガイド
- 上高地郵便局
- 上高地バスターミナル
- 上高地インフォメーションセンター
- バスターミナル横の観光センターに手荷物預り所あり(有料)

🚗 マイカー規制に注意　　　交通

- 松本駅から新島々駅までアルピコ交通上高地線で約30分 ➡
- 新島々駅から大正池までアルピコ交通バスで約1時間10分
- 高山駅から平湯まで濃飛バスで約1時間 ➡
- 平湯から大正池まで濃飛バスで約25分

車の場合、松本側からは沢渡(さわんど)駐車場、高山側からは平湯駐車場から先はマイカー規制があり、シャトルバスかタクシーに乗り換える。帰りのシャトルバスは、途中の大正池からは満車で乗れないことも多いので、上高地バスターミナルからが安心。大阪や名古屋、東京、長野駅からの直行バスもある。

📝 穂高岳の絶景を歩いて満喫　　　モデルプラン

1日目

午前 **到着後はホテルで優雅なランチを**
松本駅から電車とバスを乗り継ぎ昼頃に到着。河童橋付近の宿泊先に荷物を預け、おしゃれなホテルでランチ。

午後 **神秘的な明神池の風景にうっとり** 
河童橋から梓川と穂高連峰の眺望を満喫したら、明神橋までウォーキング。梓川の右岸歩道を進み、岳沢湿原や樹林の遊歩道を歩き、嘉門次小屋でイワナの塩焼を味わい休憩。パワースポットの明神池を眺め、明神橋を渡って河童橋へ戻り、ホテル泊。

2日目

午前 **霧に包まれる大正池に時間を忘れる**
朝霧の立つ大正池を見るため早朝に出発。梓川左岸歩道を歩いて大正池へ。復路はビューポイントの田代湿原、ウェストン・レリーフに寄って河童橋へ戻る。途中の上高地温泉ホテルで、足湯や日帰り入浴も楽しみたい。

午後 **近隣の観光地へも訪ねてみよう**
ホテルやバスターミナルでみやげを買って松本へ戻る。時間があれば、松本市街散策や安曇野へ足を延ばそう。

お楽しみワンポイント♪

ホテルランチ
優雅なリゾートホテルでゆったりランチを味わうのもいい。憧れの高級リゾート、上高地帝国ホテルでは、自慢の信州地卵のオムライスやざるそばなどのメニューを和と洋のレストランで気軽に楽しむことができる。

立ち寄りスポット

明るい草原の真ん中で深呼吸

徳沢　とくさわ

上高地バスターミナルから徒歩約2時間

眼前に前穂高岳を望む牧場の跡地。井上靖の小説『氷壁』に登場する氷壁の宿 徳澤園や、キャンプ場もある。

🛏 **お泊まり情報**　モダンなホテルから山小屋まで15軒ほどあり、河童橋付近に多い。沢渡の近くに白骨温泉の宿もある。

57

豊かな樹林に抱かれた広く深い湖
一望すればその雄大さに圧倒される

とわだこ
十和田湖

青森／秋田

瞰湖台から眺める秋の十和田湖。外輪山の木々が紅葉し、藍色の湖面によく映える

1 奥入瀬渓流の「阿修羅の流れ」。苔に覆われた岩に激しくぶつかる水流が印象的
2 真っ赤な夕日が湖面に映る。十和田湖は夕景の美しさでも知られる
3 新緑の十和田湖。みずみずしい緑に包まれながら湖を見れば、爽やかな気持ちに満たされる

紺青の水をたたえる湖はもちろん 周りの自然も心潤う美しさ

　青森県と秋田県の境に位置する、周囲約46kmの広大なカルデラ湖。豊富な水をたたえ、最も深いところで約327mと日本第3位の水深によって、湖水は神秘的な深い青色を見せ、水面は鏡のように静まっている。周囲の山々や空を映す湖は、季節や時間によってさまざまな表情を見せ、訪れる者の心をとらえて離さない。観賞は遊覧船もしくは展望台から。爽やかな風に吹かれながら、湖を中心とした景観美が楽しめる。十和田湖から流れ出る奥入瀬川が、森林の中を約14kmにわたって流れる奥入瀬渓流も見どころのひとつ。遊歩道が整備されており、滝や清流を眺めながら気軽に散策が楽しめる。

最新情報はココでチェック
十和田湖国立公園協会総合案内所　0176-75-2425
十和田ビジターセンター　0176-75-1015
所　青森県十和田市奥瀬十和田湖畔休屋486

新緑の頃から秋にかけて　季節／時間
1	2	3	4	5	6	7	8	9	10	11	12

　ベストシーズンは新緑の頃と夏。鮮やかな緑が湖の美しさをいっそうひき立てる。奥入瀬渓流もこの時季に訪れるのがよい。森林の中にたちこめる緑の香りを思いきり吸い込みたくなる。10月中旬～下旬の紅葉の時季も、湖周辺の木々が彩られて美しい。冬はバスが減便、遊覧船は運休になるが、毎年2月には十和田湖冬物語という雪祭りがあり、花火やかまくらが楽しめる。

展望台は数カ所にある　アドバイス

　十和田湖を望む展望台は複数箇所にある（瞰湖台、発荷峠、甲岳台、紫明亭、白雲亭、滝ノ沢、御鼻部山など）。最も標高が高い位置から湖を見下ろせるのは御鼻部山。また瞰湖台からは、十和田湖のなかでも最も水深が深い中湖が見える。

絶景アドバイザー

十和田湖の湖畔はドライブにも適しています。おすすめは、湖周辺の展望所を巡るコース。十和田湖畔や奥入瀬渓流を散策する場合は服装に気をつけて。朝夕の気温差があるので、脱ぎ着できる防寒着があるとよいでしょう。

十和田湖国立公園協会総合案内所のみなさん

明鏡の湖沼

地図

- 青森県
- 焼山 / 石ヶ戸
- 巨岩が巨木によって支えられてできた岩屋。そばには石ヶ戸休憩所があり、トイレや駐車場を備えている
- 馬門岩
- 阿修羅の流れ
- 奥入瀬川
- 木立の間を水が激しく流れる。ポスターなどでもよく見かける有名な景観
- 雲井の滝 / 雲井の流れ
- 焼山～子ノ口までは約14km、徒歩4～5時間の道程
- 御鼻部山 / 御鼻部山展望台
- 奥入瀬渓流
- 高さ約7m、幅約20m。奥入瀬渓流本流随一の滝
- 大畳石
- 銚子大滝
- 滝ノ沢展望台
- 十和田湖
- 小畳石 / 子ノ口 / 遊覧船乗場
- 十和田湖から奥入瀬渓流に水が流れ込む場所。水量を調整する水門がある
- 岩岳
- 十和田のなかでも最も水深が深い地点。湖面はひときわ濃い紺碧色
- 御門石
- 休屋発着で中湖を周遊する十和田観光電鉄の遊覧船ルート
- 御倉半島 / 御倉山 / 千丈幕 / 五色岩
- 十和田山
- 和井内神社
- 休屋と子ノ口を結ぶ遊覧船ルート。十和田湖遊覧船企業組合による運航
- 三ッ岳 / 大駒ヶ岳
- 白地山
- 見返りの松 / 中山半島 / 中湖
- 宇樽部 / 下宇樽部
- 高村光太郎作の有名なブロンズ像
- 十和田神社 / 瞰湖台
- 乙女の像 / 御前ヶ浜 / 国立公園協会総合案内所
- 白雲亭展望台
- 遊覧船乗場 / 十和田駅 / 休屋
- 十和田利山
- 森の中を駆け抜ける、すがすがしいドライブコース
- 十和田大館樹海ライン
- 西湖 / 十和田ビジターセンター
- 紫明亭展望台 / 発荷峠展望台 / 甲岳台展望台
- 十和田湖バスターミナルや遊覧船の発着所がある。宿泊施設、食事処も集まるエリア
- 秋田県

バスか車でのアクセスが基本　交通

- 青森駅から十和田湖駅までJRバスみずうみ号で約3時間
- 八戸駅から十和田湖駅までJRバスおいらせ号で約2時間15分

みずうみ号は1日3～4本、おいらせ号は1日2～3本の運行。冬季は運休の場合もあるので要確認。また、七戸十和田駅からもバスを乗り継いでアクセスできる（焼山で乗り換え）。車の場合は、小坂ICから約50分、下田百石ICから約1時間10分。

お楽しみワンポイント♪

十和田湖遊覧船

中山半島の先端に2本並ぶ「見返りの松」や220mにも及ぶ断崖絶壁の「千丈幕」、赤い岩肌が特徴の「五色岩」などまざまな見どころを巡り、展望台からの眺めとはまた違う絶景が楽しめる。休屋と子ノ口を結ぶコースと休屋発着のコースがあり、運航時刻は時期により異なる（冬季運休）。

十和田湖と奥入瀬を満喫　モデルプラン

1日目　午前：八戸駅からバスで十和田湖をめざす
八戸駅に到着。昼過ぎのバスに乗り、十和田湖へ。

1日目　午後：十和田湖畔を遊覧船などで観光
午後3時頃に十和田湖畔の休屋に到着。遊覧船で湖上からの眺めを楽しんだら、周辺を散策。十和田神社、乙女の像などを見てまわる。夜は湖畔の温泉宿に泊まる。

2日目　午前：バスで十和田湖を出発し、奥入瀬渓流へ
バスで奥入瀬渓流の玄関口・焼山へ向かう。コインロッカーに荷物を預けて、渓流散策を開始する。

2日目　午後：焼山に戻ったら、温泉で体を休める
4～5時間ほど渓流沿いに歩いて子ノ口へ。バスで焼山に戻る。周辺の温泉宿の日帰り湯で汗を流そう。

立ち寄りスポット

見どころがいっぱいの渓流散策

奥入瀬渓流（おいらせけいりゅう）

十和田湖から焼山まで車で約40分

国の天然記念物にも指定される美しい渓流。散策路からは、渓流がさまざまに姿を変えていく様子を見ることができる。なかでも阿修羅の流れや銚子大滝といった見どころでは、迫力ある水流を間近で眺めることができ、記念撮影にもぴったりだ。

お泊まり情報　十和田湖畔の休屋には温泉が楽しめる宿がいくつかあり、散策にも便利。奥入瀬渓流の焼山にも宿が点在する。

58 霧に包まれた神秘の湖で
奇跡の摩周ブルーに出会う

北海道

摩周湖
ましゅうこ

朝日に照らされ燃えるように真っ赤に染まった空を映し出す夜明けの摩周湖

1 第三展望台から望む摩周湖。雲や周囲の山々を映す澄んだ静かな湖面は、まるで鏡のよう
2 朝焼けに染まりながら、湖一面を覆う雲海。うねるように動きながら形を変えていく
3 広々とした屈斜路湖は、周辺の木々とのコントラストも美しい

人を寄せつけない断崖絶壁の
カムイトー（神の湖）を訪ねる

　約7000万年前の大規模な噴火によってできたカルデラ湖で、水深211m、周囲を高さ300～400mの険しい絶壁に囲まれている。別名「霧の摩周湖」と呼ばれるように、周辺の山々を越えて流れ込んだ霧がしばしば湖面を覆うが、摩周ブルーとも称される深い青色の水は、世界有数の透明度を誇る。霧の発生しやすい夏には、日の出とともに幻想的でダイナミックな雲海が見られることもある。
　冬、氷点下15℃以下になると時折、サンピラーと呼ばれる現象に出会える。太陽が空気中のダイヤモンドダストに反射して柱状に輝き、きらきらと舞う光の粒がとても美しい。

最新情報はココでチェック
摩周湖観光協会　015-482-2200
道の駅 摩周温泉 観光案内所
015-482-2500　所 北海道川上郡弟子屈町湯の島3-5-5

夏の終わりから秋がおすすめ　季節／時間

| 1 | 2 | 3 | 4 | 5 | 6 | 7 | 8 | 9 | 10 | 11 | 12 |

6～7月は霧の発生するピークで、ひと月の約半分の日が一日中霧で覆われ、湖面が見られることは少ない。7～9月は月平均気温20℃前後で最も過ごしやすい季節。7～8月は摩周岳トレッキングで高山植物も楽しめる。11月～4月上旬の冬季は、摩周湖第三展望台と裏摩周展望台は閉鎖されるが、凍結した湖面や美しい星空が見られるなど、冬ならではの魅力もある。

濃霧・気温の変化に注意　アドバイス

霧の濃いときは、数m先も見えないほど視界が悪いこともある。また、夏でも朝晩は冷え込むことがあるので、服装に注意。標高の低い裏摩周展望台は、湖面が見られる確率が高い。

絶景アドバイザー

6～10月までの期間は、早朝の雲海が最高です！自然のダイナミックな風景を体感してください。湖周辺の展望台や峠から絶景を眺めるのはもちろん、釧路川源流の清流をゆくカヌーツアーもおすすめですよ。温泉と森林浴で日々の疲れを癒していってください。

平塚さん（摩周湖観光協会／ノースイーストカヌーセンター代表）

地図上の注記

- **ハイランド小清水725**: 屈斜路湖や知床連山、オホーツク海まで300度の大パノラマが満喫できるレストハウス
- **砂湯**: 屈斜路湖畔の砂浜で、掘ると温泉が湧き出る。自由に手作り露天風呂が楽しめる
- **美幌峠**: 展望台からは屈斜路湖や摩周岳、斜里岳までが一望できる
- **川湯温泉**: 湯川が流れ硫黄の香りが漂う温泉街
- **硫黄山**: 無数の噴気孔が間近で見られる活火山。6月のエゾイソツツジの大群落が見事
- **神の子池**: ほかの2つ展望台と比べて観光客も少なく、落ち着いて見学できる
- **津別峠展望施設**: 眼下に広がる屈斜路湖と、山々が連なる壮大な景色が楽しめる。雲海と日の出が素晴らしい
- **摩周湖第三展望台**: 正面に摩周岳とカムイシュ島をとらえた風景が楽しめる
- **摩周湖レストハウス**: 摩周湖の霧の缶詰など楽しいおみやげが揃う。摩周ブルーソフトクリームも人気
- **摩周湖第一展望台**: 最も賑わう展望台で、湖と周辺の山々がいちばん美しく見える

摩周湖を巡る観光バスも便利 〔交通〕

- たんちょう釧路空港から摩周湖まで車で約1時間30分
- 釧路駅から摩周駅までJR釧網本線で約1時間20分 ➡
- 摩周駅から摩周湖まで阿寒バスで約25分

鉄道やバスは本数が少ないので注意。摩周駅からの路線バスは、4月下旬〜7月は摩周湖第一展望台まで、8月〜10月下旬はその先の摩周湖第三展望台まで運行する。裏摩周展望台へのバスはないので、タクシーを利用しよう。駐車場は各展望台にある。

湖周辺の展望台と温泉巡り 〔モデルプラン〕

1日目

午前 — 山道をドライブして、摩周湖第一展望台に到着
まずは観光客に一番人気の展望台へ。天気が良ければ、摩周岳や斜里岳など、周辺の山々も同時に眺められる。

午後 — 昼・夕方・夜と、摩周湖の多彩な表情を楽しむ
レストハウスで休憩したら、摩周湖第三展望台と裏摩周展望台にも行ってみよう。それぞれ違った角度から湖の様子が見学できる。神の子池にも寄りつつ、この日泊まる川湯温泉の宿へ。夜には、満天の星空を眺めに、摩周湖のナイトツアーに出かけるのもいい。

2日目

午前 — 屈斜路湖周辺で火山見学&露天風呂でまったり
噴煙が上る硫黄山を歩き、屈斜路湖畔の温泉に入ろう。

午後 — 屈斜路湖が見渡せる展望スポットを巡る
湖の全景を見るなら美幌峠から。ほかにもいくつかの展望施設があるで、ドライブを楽しみつつ立ち寄ろう。

立ち寄りスポット

コバルトブルーに輝く日本最大のカルデラ湖

屈斜路湖 くっしゃろこ

川湯温泉駅から車で約10分

原生林に囲まれた、周囲57kmもある大きな湖。キャンプやウォータースポーツなどを楽しむ人も多い。

摩周湖(神の湖)の地下水が湧き出る青く清らかな池

神の子池 かみのこいけ

摩周湖から車で約20分

池底がくっきり見えるほど、澄んだ清水をたたえた小さな池。腐ることなく沈む倒木が、神秘さを増している。

お楽しみワンポイント♪

無料野天風呂巡り
屈斜路湖周辺には、「コタンの湯」や「砂湯」などいくつかの野天風呂が点在し、無料で利用することができる。

カヌーツアー
屈斜路湖や釧路川源流をカヌーで巡る。大自然を堪能する人気アクティビティ。

摩周メロン
糖度が高く上品な甘さ。域外市場に流通していないため幻のメロンと呼ばれる。

お泊まり情報 摩周湖の近くにある川湯温泉には旅館が点在し、屈斜路湖周辺にはペンションが多い。

59 色彩豊かに輝く湖沼群 木々の生い茂る探勝路から眺める

福島

五色沼
ごしきぬま

五色沼の名のとおり、さまざまな色を持つ沼が点在。途中何度も立ち止まりながら、色の変化を楽しみたい

1 五色沼で最も大きい毘沙門沼では、手漕ぎボートに乗ることもできる。沼越しに雄大な磐梯山の姿を望む
2 神秘的な青白色の水をたたえる青沼
3 明るく広々とした場所に現れる弁天沼。五色沼で2番目に大きく、開放的で気持ちいい

静かな森の中から次々と現れる それぞれに趣の異なる数々の沼と湖

　磐梯山の北側、裏磐梯と呼ばれるエリアには、大小300もの湖が点在する。1888(明治21)年の磐梯山の噴火によって生まれた五色沼とは、そのなかの30ほどの湖沼群のこと。青白く光る神秘的な色をたたえた青沼、周辺の植物が赤褐色に染まった赤沼、場所や日の当たり方によって3つの色が水面に浮かぶみどろ沼、美しいコバルトブルーの毘沙門沼など、湖底の色や水質により、さまざまな色の沼が見られる。いくつかの沼を結んで探勝路が整備されているので、散策を楽しみながら巡ろう。季節や天気によっても景観は変わるので、何度でも訪れたい。

最新情報はココでチェック
裏磐梯観光協会　☎0241-32-2349
裏磐梯ビジターセンター　☎0241-32-2850
所 福島県耶麻郡北塩原村桧原剣ケ峯1093-697

華やかに彩られる秋がベスト　季節／時間

1	2	3	4	5	6	7	8	9	10	11	12

新緑のきれいな5～6月、涼しく爽快な7～8月、雪に包まれる12～3月と、どの季節もいいが、沼の水面と周辺の木々のコントラストが素晴らしい9～11月の紅葉の季節がとくにおすすめ。冬はスノーシューが必要で、ガイド付ツアーを利用したい。

花の見ごろ　クリンソウ　4～6月　　スミレ　4～6月
アキノキリンソウ　8～10月　　ノコンギク　8～11月

五色沼探勝路をのんびり散策　アドバイス

五色沼を巡る探勝路は片道3.6kmあり、所要1時間ほど。アップダウンの少ない歩きやすい道だが、岩や道幅の狭いところもあるので十分に気をつけて歩こう。

絶景アドバイザー

探勝路にはハチやヘビ、漆の木など危険なものも多いので、長袖、長ズボンが望ましいです。また、ぬかるみのある場所もあり、防水性の高い靴があると安心です。大自然のなかの散策は、地元のガイドと一緒だと、より楽しめると思います。

鷲尾さん(裏磐梯ビジターセンター)

地図内ラベル

- 桧原湖
- 遊覧船発着所
- 磐梯山噴火記念館：磐梯山の噴火の様子や火山の仕組みなどを紹介する博物館。大型模型を使った噴火の再現は迫力満点
- 磐梯山3Dワールド
- 柳沼のすぐ近くにある休憩所。軽食やおみやげも揃う
- みどろ沼：草木が生い茂り、沼の一部しか見ることができない。近くにはベンチがあり休憩ができる
- 竜沼
- 赤沼
- 五色沼探勝路
- フレーザーホテル
- 五色沼入口
- 裏磐梯ユースホステル
- 裏磐梯五色沼ホテル
- リゾートインみちのく
- 裏磐梯国民宿舎
- 裏磐梯ロイヤルホテル
- 裏磐梯ビジターセンター：五色沼を含む磐梯朝日国立公園についてわかりやすく展示・紹介する。散策の前に立ち寄りたい
- 売店・レストラン：裏磐梯のおみやげが揃うほか、オリジナルソフトクリームが人気
- 毘沙門沼
- 諸橋近代美術館
- 猪苗代湖
- 柳沼：探勝路の西端にある沼。紅葉の時季がとくに美しい
- 裏磐梯物産館
- 裏磐梯高原駅
- 磐梯山ゴールドライン
- 青沼
- 弁天沼：弁天沼の奥に吾妻山系が望める
- るり沼
- 展望台：時間や見る場所によって水の色が変わる
- 五色沼

探勝路への入口は東西に2つ　交通

- 郡山駅から猪苗代駅までJR磐越西線で約35分 ➡
- 猪苗代駅から五色沼入口まで磐梯東都バスで約30分

探勝路の入口には東側の五色沼入口バス停のほか、西側の裏磐梯高原駅バス停がある。車の場合、猪苗代磐梯高原ICから約25分。東西のバス停付近にある駐車場に停めて、散策後は駐車場までバスで戻るのがいい。朝夕はバスの本数が少ないので注意。

お楽しみワンポイント♪

桧原湖島めぐり

雄大な桧原湖に浮かぶ島々を、遊覧船で約30分かけて周遊する。湖上からの眺めは素晴らしく、変化に富んだ景観が楽しめる。

- 磐梯観光船
- 営 期間中毎日随時運航
- 11月上旬〜4月下旬
- 料 1100円

会津山塩ラーメン

大塩裏磐梯温泉の温泉水を使い、昔ながらの製法で作った会津山塩。このまろやかな味わいの高級塩を使ったラーメンは絶品。

点在する湖沼群を巡る旅　モデルプラン

1日目

- 午前：探勝路に入る前に準備を整えよう
  - バスに乗って五色沼入口へ。まずはビジターセンターで情報収集しよう。地図をもらうのを忘れずに。
- 午後：個性豊かな湖沼群を眺めつつ、自然とふれあおう
  - 五色沼探勝路を進み、順番に沼を巡ろう。毘沙門沼ではボートにも乗りたい。沼巡りのあと、桧原湖散策を楽しんだら、近くの高原リゾートホテルでゆったり過ごそう。

2日目

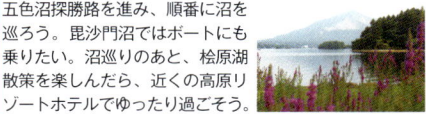

- 午前：湖沼巡りの最後は福島を代表する広大な湖へ
  - 磐梯高原で最大の猪苗代湖へ。時間があれば、野口英世記念館など湖周辺のスポットに立ち寄りたい。
- 午後：福島のご当地グルメに舌つづみ＆おみやげ探し
  - 帰る前に名物の会津山塩ラーメンを堪能。

立ち寄りスポット

東北地方で最大の広さを誇る美しい湖

猪苗代湖　いなわしろこ

五色沼から車で約20分

透明度の高い水が特徴で、「天鏡湖」とも呼ばれる。遊覧船の運航もあり、冬には多くの白鳥が飛来する。

ニッコウキスゲの大群落で有名な湿原

雄国沼湿原　おぐにぬましつげん

五色沼から車で約1時間30分

桧原湖の南西、カルデラ湖の周囲に広がる湿原。国の天然記念物に指定されており、約300種の湿原植物が季節ごとに見られる。

お泊まり情報

裏磐梯エリアには、リゾートホテルからペンション、コテージなどさまざまな宿がある。

五色沼　197

60 豪雪地に生まれた日本の建築美
田園に溶け合う三角屋根の群れ

岐阜

しらかわごう
白川郷

茅葺きの屋根が山あいの自然に美しく溶け込む。夏には青々とした田が広がり、合掌造りの建物が映える

白川郷　199

先人の知恵から生まれた合掌造り
今も村人が暮らし、受け継ぐ

　岐阜県飛騨地方にある白川村荻町集落は、日本有数の山岳豪雪地帯。過酷な環境に耐える住居として、江戸時代に生まれたのが合掌造り家屋だ。手のひらを合わせたような急勾配の茅葺き屋根が雪の重みを支え、広くとられた屋根裏は養蚕部屋に活用された。1935(昭和10)年にこの地を訪れたドイツの建築学者ブルーノ・タウトは、のちに著書『日本美の再発見』のなかで合掌造り建築を絶賛。世に広く知られることとなった。同様の建築は、ほかには富山県五箇山でしか見られず、併せて世界遺産に登録されている。
　現在、60棟ほどある合掌造りのほとんどは現役の民家。集落には飲食店や観光施設が整い、合掌造りの宿に宿泊も可能だ。展望台からは田園に茅葺きの三角屋根が連なる、美しい日本の古里風景が望める。

最新情報はココでチェック

白川村役場 観光振興課　☎05769-6-1311
総合案内所であいの館(白川郷観光協会)
☎05769-6-1013　所 岐阜県大野郡白川村荻町2495-3

鮮やかな春と雪景色が魅力　季節／時間

| 1 | 2 | 3 | 4 | 5 | 6 | 7 | 8 | 9 | 10 | 11 | 12 |

年間を通して合掌造りと季節の風景が楽しめる。新緑の5月はとくに彩り鮮やか。珍種のおおた桜が5月中旬頃に咲き、下旬には田植え祭りを開催。どぶろく祭は10月中旬、山の紅葉は10月下旬～11月中旬と、秋も魅力的だ。1月中旬～2月中旬(特定の週末のみ)の雪の合掌造り集落ライトアップもおすすめ。

花の見ごろ　 ハナショウブ 6月上旬～下旬
アジサイ 6月下旬～7月中旬　 コスモス 9月中旬～下旬

暮らしに配慮した行動を　アドバイス

合掌造りに暮らす住民のプライバシーを守り、家屋や庭先には立ち入らないようにしたい。合掌造りは火にとても弱いため、くわえたばこやポイ捨ても厳禁。ゴミ箱はないので、ゴミは各人で持ち帰ろう。集落を見渡せる展望台へ行くには、集落の中心部から出ているシャトルバス(1時間に3本)を使うと便利だ。

絶景アドバイザー

私のおすすめは、雨の日にキラキラとした雨水を葦一本一本から滴らせる大きな茅葺き屋根の美しい風景。そして、降り積もるたくさんの雪に耐えつつ、白一色のなかから姿をのぞかせる合掌造り・切妻部分の凛とした表情です。ぜひ眺めに来てください。

蟻原さん(NPO法人耕雲塾 観光案内部会長)

	1	
2		3

[1] 冬季の一部の週末に行なわれる、白川郷ライトアップ。雪の夜にぼっかりと家々が浮かび上がる
[2] 築300年の和田家は白川村に現存する最大規模の合掌造り家屋。国の重要文化財に指定された
[3] 白い窓の見える部分は、2～3層になった屋根裏部屋。ここで養蚕が行なわれていた

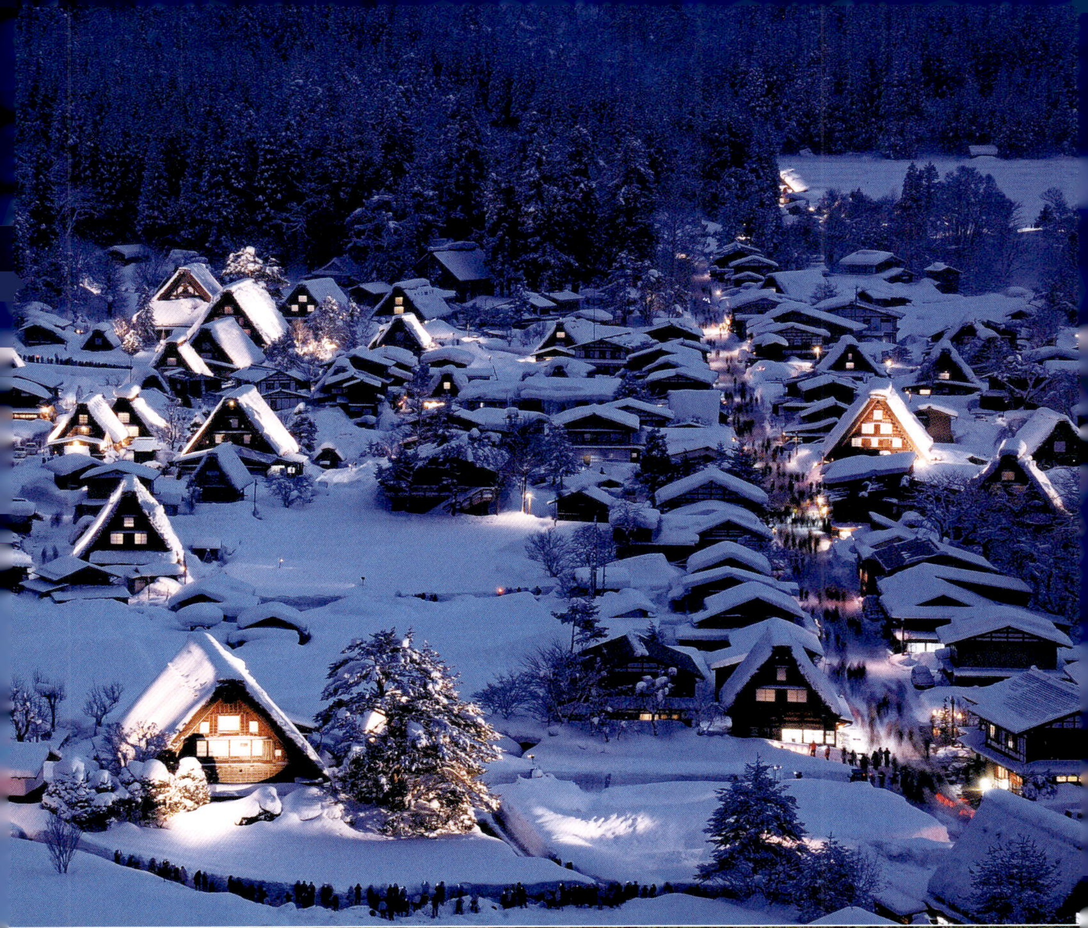

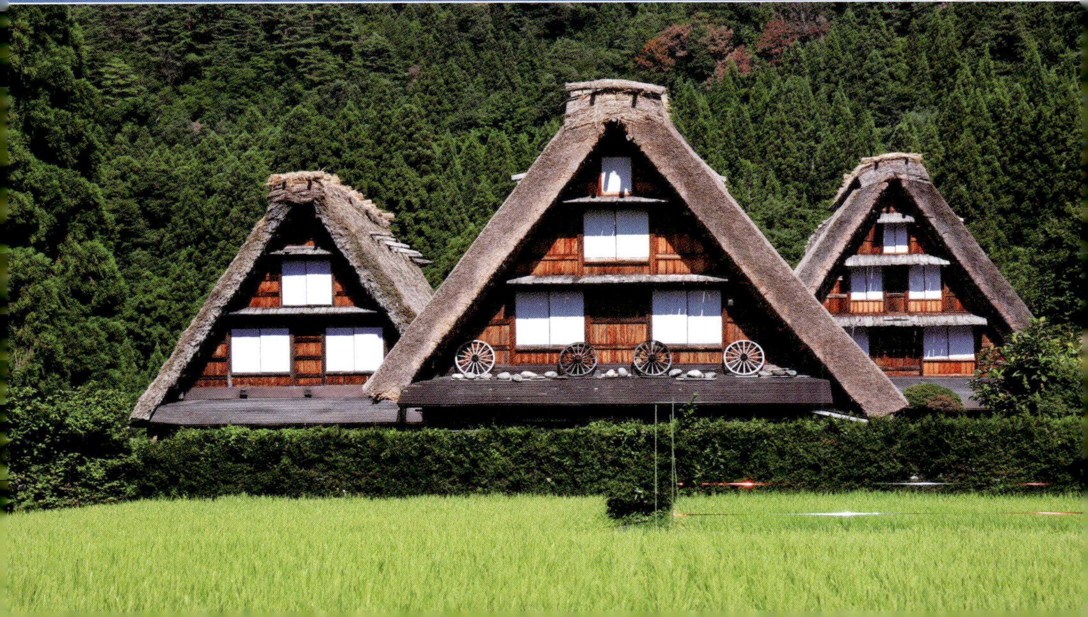

1 秋になると、周囲の山々の頂から徐々に紅葉が下りてくる。夕日を受け、合掌造りの屋根とともに真っ赤に染まる
2 毎年5月下旬に行なわれる田植え祭り。昔ながらの田植えの様子が再現される

集落内はマイカー規制あり　交通

- 高山駅から白川郷まで濃飛バスで約50分
- 金沢駅から白川郷まで北陸鉄道バスで約1時間15分

名古屋駅からの直通バス(岐阜バス)は、所要約3時間。車の場合、白川郷ICから約10分。世界遺産の景観保護と安全のため、9〜16時の間、世界遺産地区内の住民以外の車の進入を自主規制している。車は村営のせせらぎ公園駐車場などを利用する。

お楽しみワンポイント♪

どぶろく祭 
五穀豊穣などを祈願し、10月14〜19日にかけて白川八幡神社などで行なう祭礼。獅子舞や舞踊が披露され、お神酒には神社の酒蔵で仕込まれたどぶろくを使用。神社に奉納後、来客一人一人に振る舞われる。

どぶろく羊羹 
どぶろくをイメージして造った白川村限定商品。清酒入りだがアルコールは残っていないので子供も食べられる。どぶろく煎餅もある。

合掌造りの集落を歩く　モデルプラン

1日目

午前 — **おそばを食べてひと休み**
名古屋駅からバスで白川郷の合掌造り集落へ。お昼には地粉の手打ちそばなど、地元の味を食堂で楽しむ。

午後 — **集落を望む展望スポットへ** 
シャトルバスで合掌造り集落を見晴らせる城山天守閣展望台へ。江戸中期建築の合掌造り民家・和田家を見学し、おやつに飛騨牛まんを食べ、集落を散策。合掌造りの民宿泊。

2日目

午前 — **集落内をのんびり散策** 
移築した合掌造りが集まる野外博物館合掌造り民家園、白川郷で活動していた世界的な画家・焔仁(ほむらじん)の美術館などを見学。

午後 — **白川郷の郷土の味を楽しむ**
お昼は朴葉味噌や飛騨牛すったて鍋などの郷土料理を楽しみ、おみやげを買い求める。バスで高山へ行き、古い街並を見学して過ごす。

立ち寄りスポット

白川郷の昔ながらの生活を伝える

野外博物館 合掌造り民家園
やがいはくぶつかん がっしょうづくりみんかえん

白川郷バス停から徒歩すぐ

白川村の各地から移築した25棟の合掌造り家屋を移築・保存している。田畑の広がるのどかな園内に昔ながらの暮らしぶりを再現している。そば打ちやわら細工などの体験ができる施設も揃う(春〜秋、要予約)。

立ち寄りスポット

もうひとつの合掌造り集落を訪ねる
五箇山　ごかやま

白川郷バス停から相倉ロバス停まで加越能バスで約45分

白川郷とともに世界遺産に登録された富山県南砺市の合掌造り集落。相倉集落に20棟、菅沼集落に9棟の合掌造り家屋があり、古い建物は築400年という。「こきりこ」や「五箇山麦屋節」などの民謡、加賀藩の保護を受けた五箇山和紙など、独自の伝統文化が山里の集落にはぐくまれた。

古い街並に城下町時代の賑わいを楽しむ
高山さんまち通り　たかやまさんまちどおり

白川郷バス停から高山濃飛バスセンター（高山駅）まで濃飛バスで約50分

高山駅から10分ほど歩くと現れる古い街並。江戸時代の商人町の面影が残る。道端に水路が流れ、町家の出格子が連なる風流な通り沿いには、老舗の造り酒屋や駄菓子屋、休み処、みやげ物屋が賑やかに並ぶ。

- 萩町地区が眼下に広がり、合掌造り集落の撮影に絶好のポイント
- 鳩谷八幡神社
- 白川橋
- ます園 文助
- 飛騨市
- 五箇山
- 白川郷IC
- 白萩橋
- 城山天守閣展望台
- 萩町城跡展望台
- 合掌造り集落と周囲の山並が広く見晴らせる
- 東海北陸自動車道
- 庄川
- 萩町橋
- 白川郷の湯
- 白水園
- 観光普通車両の自主規制区間（9〜16時）
- 和田家
- 築160年以上、完成度の高い合掌造り家屋として知られる
- 白川郷
- 白山スーパー林道
- 萩町合掌集落
- 神田家
- 本覚寺
- 展望台行シャトルバス乗降所
- 合掌造り焔仁美術館
- せせらぎ公園
- 白川街道
- 明善寺郷土館
- 合掌造りの本堂と庫裏、鐘楼が残る浄土真宗寺院
- 総合案内所であい館
- 幸ヱ門
- 野外博物館合掌造り民家園
- であい橋
- まずはここで集落のイラストマップを入手
- どぶろく祭の館
- 神社前
- 白川八幡神社
- 白川八幡神社の境内にあり、秋のどぶろく祭を人形や模型で再現。どぶろくの試飲もできる
- 荘川町
- 十右ヱ門

「結」の絆が支える村　助け合いの精神が生んだ世界遺産

厳しい環境下で生まれた共同作業制度

山あいの豪雪地帯に暮らす白川郷の人々は、厳しい自然環境で生きるため、住民が互いを助け合うことで暮らしを維持してきた。家々で多くの人手が必要な作業を無償で協力する制度を「結」という。田植えや稲刈り、養蚕などの生産活動のほか、白川郷で欠かせないのが合掌造り家屋の建設や維持管理。秋の一斉放水もそのひとつで、火災から家を守るために住民が行なう消防訓練だ。

11月上旬に行なう一斉放水の訓練は、白川郷の秋の風物詩でもある

「結」が合掌造りの家々を守ってきた

結の共同労働のなかでも、とくに多くの人手が必要な作業が、合掌造りの茅葺き屋根の葺き替え。今も30〜40年に一度、村をあげて各家々の葺き替え作業が行なわれる。結がなければ、合掌造りを現代まで維持することは困難だったことだろう。結はまた、住民同士のコミュニケーションの場でもある。白川郷で生きる知恵や伝統を受け渡し、心の結びつきを深める大切な機会となっている。

近年では屋根の葺き替え作業に村外のボランティアも参加する

お泊まり情報　萩町を中心に合掌造りの民宿が約20軒（原則喫煙不可）。村内に温泉旅館・民宿は約10軒ある。

61 標高約300mの山の斜面に現れる大小さまざまな棚田を夜明けに見る

新潟

ほしとうげのたなだ
星峠の棚田

十日町はコシヒカリの産地。日本でも有数の豪雪地帯で、田に張られた水はミネラルを多く含んだ雪解け水だ

杉林と棚田の合間に霧がたなびき水を張った田が朝日に輝く

米産地として名高い新潟県は棚田の数も多く、十日町市の松代も全国有数の棚田が並ぶ。なかでもここがとくに美しいのは、水を張った棚田に朝焼けが溶け込む「水鏡」。日の出とともに朝霧がたち、幻想的な空気があたりを包み込む。峠の名のとおり、夜には空から降り注ぐように無数の星が瞬く。大河ドラマ『天地人』のオープニングカットにも使用された。

最新情報はココでチェック
十日町市観光協会まつだい事務所 ☎025-597-3000
まつだい駅観光案内所 ☎025-597-3442

水鏡を見るのは晩春がベスト　季節／時間

1	2	3	4	5	6	7	8	9	10	11	12

年中趣のある景色で楽しめるが、水鏡が見られるのは雪消えした田植えまでの春先、稲刈りが終わった秋の季節。日の出時刻の30分前には到着を。12月頃からは雪が降り、4月中は雪が残る。除雪作業を行なわないため、冬季は車の進入ができない。

棚田マップを入手しよう　アドバイス

棚田の撮影ポイントについて詳しく書かれた棚田マップを事前に手に入れたい。まつだい駅観光案内所やウェブサイトで入手できる。まず、星峠に着いたら「星峠の棚田」の看板をめざそう。ここから坂道を上り、集落が途切れたあたりから棚田が見えてくる。地元の人が生活している私有地なので、田畑に勝手に入ったり、農道に停車するなどせず、マナーのある行動を。

のどかな山道からも棚田が見える　交通

■ 六日町ICから星峠の棚田まで車で約1時間30分

関越自動車道の六日町ICで下りて国道253号〜403号を走る。鉄道の場合は越後湯沢駅からJR上越線と北越急行ほくほく線を乗り継いで約1時間、まつだい駅で下車、タクシーで約20分。

早朝に備えたプランを　モデルプラン

1日目

午前　**地域の風土に根付いた里山、まつだい「農舞台」へ**
約40の屋外アートが点在する「農舞台」を歩く。

午後　**名物のへぎそばを食べて周辺をぶらりと散歩**
フノリをつなぎにした名物へぎそばをいただく。周辺の棚田を散策。まつだいで宿泊。日の出時刻を確認し、早めの就寝。余力があれば、星峠の星空を見に行きたい。

2日目

午前　**日の出前から刻々と変わる棚田の色合いを楽しむ**
日の出1時間前に起床し、星峠へ。空が明らみ、棚田に広がる水鏡のグラデーションを堪能しよう。近郊にある朝霧が美しい儀明の棚田をハシゴするか仮眠をとる。

午後　**日本三大渓谷のひとつ、切り立つ岸壁・清津峡へ**
柱状節理で有名な清津峡に立ち寄る。清津峡渓谷トンネルの見晴所から雄大な渓谷美を眺める。

お泊まり情報　まつだい駅周辺に点在しているが数が少ないため、出発前に予約を取っておきたい。

星峠の棚田　205

62 急斜面に拓いた小さな山里
日本のチロルに会いに行く

長野

しもぐりのさと
下栗の里

厳しい自然の、山深い里に
縄文時代から暮らしがあった

信州三大秘境のひとつとされる南信州遠山郷。そのなかでも絶景として知られるのが、飯田市上村の小さな山里だ。標高800〜1000m、最大斜度38度の急斜面に九十九折の道が続き、耕地と住居が山に張りつくように並ぶ。眼下に遠山川、眼前には南アルプスの名峰・聖岳、その奥は山また山。深い深い自然のなかに、小さな人間の営みがある。

最新情報はココでチェック

遠山郷観光協会　0260-34-1071　所 長野県飯田市南信濃和田548-1（情報ステーションアンバマイ館）

南アルプスが美しい季節に　季節／時間

1	2	3	4	5	6	7	8	9	10	11	12

新緑や紅葉など、年間を通して山里風景を楽しめる。急傾斜の狭い道なので、12月から4月の降雪期は避けたほうが無難だが、12月13日には奇祭・霜月祭りを目当てに観光客が訪れる。

地元の暮らしを大切に　アドバイス

観光地ではなく、生活の場であることを配慮した行動を。道幅の狭い坂道が続き、高齢者も多い地区なので、スピードを控え、路肩停車も避けたい。下栗の里を一望できる天空の里ビューポイントが住民の手で設けられているので、里の全容を俯瞰で楽しみたい。

206　美しい村

急斜面にある集落には約45世帯、100人ほどが暮らす。まさに秘境と呼ぶにふさわしい景観だ

🚗 山深い郷をドライブ　　交通

■ 飯田ICから下栗の里まで車で約1時間20分

飯田駅から路線バスもあるが、1日2～3便と少なく、上町バス停からタクシー（要予約）での移動が必要。マイカーが便利だ。下栗地区内は全長7m以上の車両は通行不能。

✏️ 里山の生活と文化に触れる　　モデルプラン

1日目　午前　眺望スポットのしらびそ高原へ
飯田ICからしらびそ高原で南アルプスを一望し、下栗の里へ。食事処で下栗イモの田楽や田舎そばを味わう。

1日目　午後　下栗の里に泊まり、暮らしを知る
天空の里ビューポイントから下栗地区の全景を満喫後、下栗の民宿にチェックイン。地区内を散策後、民宿の方の話を聞きながら、山里の夕食を堪能する。

2日目　午前　天竜峡で渓谷美に触れる
下栗の里を出発し、渓谷沿いの県道1号をドライブ。天竜峡で舟下りや温泉を楽しむ。

2日目　午後　伊那谷の観光地を巡って帰途に
古刹・元善光寺やテーマパークの伊那谷道中 かぶちゃん村などに立ち寄り、中央自動車道で帰路につく。

🏠 **お泊まり情報**　下栗地区内はロッジが1軒と民宿が2軒のみ。南の旧宿場町・和田宿にも数軒の宿がある。

下栗の里

63 小さな湾に沿って浮き連なる 日本海漁師町の風流な家並

いねのふなや　　　　　　　　　　京都
伊根の舟屋

海面ぎりぎりに将棋の駒のような舟屋が並ぶ。ガレージの床に傾斜を設け、船を格納しやすくしている

伊根の舟屋

1. 湾沿いに続く道を散歩して、港町の暮らしを覗きながら、陸上からの風景も楽しみたい
2. 秋にはイカ干しののどかな光景が。伊根はフィッシングポイントとしても人気がある
3. 雪で舟屋の屋根が白く染まる冬景色もまた違った趣がある

初めて見てもどこか懐かしい
旅情あふれる舟屋の里を訪ねる

　丹後半島の東端にある伊根町は、舟屋の里として知られる。舟屋とは1階が船の格納庫や作業スペース、2階が居住空間になっている建物で、船を格納しやすいよう湾岸の海面すれすれに建つ。波で浸水しないのは、伊根湾入口にある青島が防波堤になっているからだ。海から見て裏手の建物入口側に生活道路が走り、道の反対側に母屋が並ぶ。集落に迫る山を背に、切妻造りの木造2階屋が肩を寄せ合う姿は、東南アジアの漁村を思わせる。なかには舟屋が誕生した江戸時代当時の建物も。観光船で海上から、海に浮かぶような舟屋群を眺めたい。室内の明かりが海に映る夕景も情緒がある。

最新情報はココでチェック
伊根町観光協会　☎0772-32-0277
所　京都府与謝郡伊根町亀島459（道の駅 舟屋の里公園）

旬を求めて訪れてみる　　季節／時間

1	2	3	4	5	6	7	8	9	10	11	12

春は桜やツツジ、初夏は新緑、夏は伝統の祭りや花火、秋は紅葉、冬は雪化粧と、四季折々に楽しめる。春から夏は温暖で最も過ごしやすい。夏の岩ガキ、冬の伊根寒ブリなど、伊根港で揚がる旬の魚介も楽しみ。夕日が沈む時間帯はとくに美しい。

自転車で撮影スポットへ　　アドバイス

周囲5kmの湾内をひととおり見てまわるなら、レンタサイクルが便利。西の伊根湾めぐり遊覧船乗場から南東の赤灯台まで、自転車で往復2時間ほど。丘の上にある道の駅 舟屋の里公園や、沿岸の伊根漁港西側からは湾全体を見渡せる。周辺は住宅地なので、騒音や私有地の立ち入りなどの迷惑行為は避けたい。

絶景アドバイザー

伊根湾沿いに舟屋が建ち並ぶ姿が、国の重要伝統的建造物群保存地区に選定されているやん。間口は広くないけど奥行があって、内部を公開している舟屋もあるやん。道の駅 舟屋の里公園は季節の花もきれい。ぜひ一度遊びに来てほしいやん！

ふなやん（伊根町マスコットキャラクター）

地図上の注記

- 経ヶ岬
- 新井の棚田
- 伊根トンネル
- 伊根中
- 海辺から左右に舟屋群が見える
- 平田トンネル
- 舟屋の里公園前
- 創業250年を超える老舗で、女性の杜氏がご主人と酒蔵を切り盛りする
- よしむら（食事処）
- 伊根小
- 伊根町役場
- 個人所有なので、見学はひと声かけてから（500円）
- 向井酒造
- 伊根浦公園（サイクルステーション）
- 七面神社
- 伊根町観光協会
- 宮津高伊根分校
- 八坂神社
- 正法寺
- 大乗寺
- 道の駅 舟屋の里公園
- 京都府漁協伊根支所
- 水揚げされた魚介の選別作業が見学できる。伊根の民宿や食堂で味わいたい
- 道の駅のほかに、ここでも自転車が借りられる
- 江戸時代の舟屋
- 伊根湾を見渡す高台にある
- 伊根漁港
- 伊根トンネル
- 日恩寺
- 高梨
- 伊根港
- おちゃやのかか（サイクルステーション）
- 伊根湾めぐり・日出
- 伊根郵便局
- 伊根湾めぐり遊覧船乗場
- 若狭湾
- 伊根の舟屋
- 舟屋群の横からのアングルが撮影できるスポット
- 伊根工房
- うらなぎ
- 阿宇野神社
- 毎年8月20日に海の安全と豊漁を祈願する例祭「おべっさん」が開催される
- 立石集会所
- 慈眼寺
- NHKの朝ドラ「ええにょぼ」のロケ地になった地区
- 蛭子神社
- おくの
- 青島
- 赤灯台
- 亀山
- 亀島
- 大島
- 天橋立
- 0〜400m N

宮津駅からは路線バスで　交通

西舞鶴駅から宮津駅まで北近畿タンゴ鉄道宮津線で約30分
または福知山駅から宮津駅まで北近畿タンゴ鉄道宮福線で約50分
➡ 宮津駅から伊根まで丹後海陸交通バスで約1時間10分

- 丹後海陸交通バスで約1時間10分
- 北近畿タンゴ鉄道宮津線で約30分
- 北近畿タンゴ鉄道宮福線で約50分
- 若狭湾
- 天橋立
- 与謝天橋立IC
- 178
- 宮津駅
- 西舞鶴駅
- 京都縦貫自動車道
- 舞鶴線
- 山陰本線
- 福知山駅
- 京都府
- 15km

車の場合は、京都縦貫自動車道から延びる宮津与謝連絡道路の与謝天橋立ICから約1時間。道幅が狭いので運転に注意。宮津駅発のバスは天橋立も経由するので、気軽に立ち寄れる。伊根町内の無料貸自転車は、道の駅 舟屋の里公園、伊根湾めぐり遊覧船乗場など4カ所のサイクルステーションで貸し出し・返却ができる。

お楽しみワンポイント♪

伊根湾めぐり遊覧船

伊根湾内を約25分かけてぐるりと巡り、海上から舟屋の並ぶ風景を楽しめる。30分ごと（繁忙期は15分ごと）に運航している。

営 9:00～16:00　休 無休　料 680円

海上タクシー

地元の船頭さんの説明を聞きながら湾内を巡る。少人数で楽しめ、湾内の好きなところで乗船・下船ができる。6～11人乗りの船が5社ほどあり、30分1人1000円など。

情緒あふれる港風景を満喫　モデルプラン

1日目 午前：まずは遊覧船乗場へ
宮津駅から路線バスで伊根へ。お昼に食堂で新鮮な魚介を味わい、伊根湾めぐり遊覧船乗場へ向かう。

1日目 午後：海と陸から舟屋を見物
約25分の伊根湾めぐり遊覧船で、海上から舟屋の並ぶ風景を楽しむ。レンタル自転車を借り、伊根の街をサイクリング。江戸時代の舟屋を見学。舟屋の民宿泊。

2日目 午前：風情ある街並をのんびり散策
散歩しながら街の風景を楽しむ。時間があれば丘の上の道の駅 舟屋の里公園から伊根湾を一望。魚介製品などのおみやげを買って、バスで天橋立へ向かう。

2日目 午後：もうひとつの絶景へ
天橋立は日本三景のひとつ。白砂青松の公園内を散策し、展望所から全景を楽しむ。宮津へ戻り帰途につく。

立ち寄りスポット

日本海にある日本三景を訪ねる

天橋立　あまのはしだて

天橋立駅から徒歩約5分

宮城の松島、広島の宮島とともに日本三景のひとつに数えられる。海の砂礫が長い年月をかけて堆積した砂嘴（さし）で、わずかに弧を描く優美な形が天に架かる橋のようだとその名がつけられた。全長3.6kmの砂浜が続き、最も細い場所は幅20mほど。約8000本の松が並ぶ砂浜を歩いて散策できる。美しい全景を眺めるには山上の展望所へ。モノレールやリフトを利用できる。

お泊まり情報
舟屋の建物を利用した民宿が十数軒あり、なかにはモダンに改装した部屋も。漁師宿もある。

64 日本海へ下る山肌を埋める美しい緑の段々模様

石川

白米千枚田
しろよねせんまいだ

厳しい自然と折り合うため 先人のたゆまぬ工夫が生んだ光景

　能登半島の北岸、日本海に面する斜面を千枚以上もの棚田が覆う。互い違いの高さに組まれているのは、湧き水が多い緩斜面という稲作に適していながらも地滑りしやすい土地を安定させるための工夫。現在も畦作りから収穫までを手作業で行なうとともに、一枚ごとにオーナーを公募するユニークな制度などで景観の保存が図られている。

最新情報はココでチェック
輪島市観光課 ☎0768-23-1146
輪島市観光協会 ☎0768-22-1503

稲穂の青い時季がおすすめ　季節／時間

1	2	3	4	5	6	7	8	9	10	11	12

春から夏が見ごろで、とくに夕景は必見。また、毎年11〜3月頃には千枚田にLEDライトを飾ったナイトイルミネーション「あぜのきらめき」、5月中旬に田植え、9月下旬に結婚式と合わせた稲刈りなどのイベントも開催される。

道の駅から棚田を眺める　アドバイス

車で訪れた場合、隣接する道の駅 千枚田ポケットパークが最寄りの駐車場となる。ポケットパークの展望台からは千枚田を一望することができる。また、千枚田の畦道は一般の人も歩けるが、急勾配なので歩く際は足元に注意しよう。

白米千枚田の最上部から最下部までの高低差はおよそ56m。19階建てのビルの高さに相当する

🚗 千枚田までは車での移動が便利　交通

■ のと里山空港から白米千枚田まで車で約40分

道の駅 輪島ふらっと訪夢（輪島駅前バス停）から北鉄奥能登バスで白米バス停まで約20分。1日8本運行しているが、平日しか運行しない便もあるので注意。

✏️ 能登の伝統と自然に触れる　モデルプラン

1日目

午前　**レンタカーで能登半島を北上**
のと里山空港でレンタカーを借り、白米千枚田へ向かう。

午後　**展望台から広大な棚田の景色を堪能**
道の駅 千枚田ポケットパークに到着。展望台から白米千枚田を眺める。道の駅内で食事や買物をしたのち、次は夕景を観賞。この日は輪島市内のホテルに宿泊。

2日目

午前　**朝市から漆器屋巡りまで、市街地観光を楽しむ**
早起きし、輪島朝市で地元特産品の買物を楽しむ。その後、郷土の祭り「キリコ」を紹介するキリコ会館や輪島漆器のお店を巡り、輪島の文化にふれる。

午後　**能登半島の海沿いをドライブ**
海岸に沿って走る国道249号を気ままにドライブ。窓岩や見附島などの景勝地を巡る。

🛏 **お泊まり情報**　輪島市街地に宿泊施設が集中している。白米千枚田から車で15分の曽々木にも数軒、宿泊施設がある。

白米千枚田　213

65 | 風土が生んだ山村民俗と落人伝説
文化と自然の恵み豊かな天界の里

しいばそん　　　　　　　　　　　　　　　　宮崎

椎葉村

面積は日本の村で5番目に広い約540km²。広大な山々を先人たちが切り拓き、暮らしを築いた

椎葉村

1. 谷間のわずかな平地にも集落が点在。紅葉の時季はとくに美しい
2. 傾斜地にある十根川集落。石垣と棚田、横長の家屋が独特の眺め
3. 田植えは5月半ば以降。水を張った棚田に映る夕焼けも魅力的

山村の知恵が生み出した独特の家屋
民謡に歌い継がれる源平悲恋物語

　九州山岳地帯の中央にある素朴な山村。広大な面積の9割を山地が占め、細い谷間や山の斜面に多くの小規模集落が散在する。傾斜地には石垣が築かれ、階段状に家屋や棚田が連なる。まさに日本の山里の原風景といった眺めだ。細長い土地に建つ家は、部屋が横一列に並ぶ独特の間取り。そうした風景を色濃く残す十根川地区が重要伝統的建造物群保存地区に選定されている。また、秘境と呼ばれるこの村は平家落人の里でもあり、村の中心・上椎葉一帯にゆかりの地を残す。焼畑や民謡「ひえつき節」、椎葉神楽など、山の民俗文化も豊か。渓谷に包まれた村全体が景勝地でもある。

伝統芸能や秋の味覚を満喫　季節／時間

1	2	3	4	5	6	7	8	9	10	11	12

四季を通して美しいが、棚田や山の緑が濃くなる6〜8月、紅葉や祭り、きのこが楽しめる10〜11月はとくにおすすめ。11月上旬には椎葉平家まつり、11月中旬〜12月下旬には各集落で椎葉神楽が催される。春〜夏には渓流釣りも。

広い村内を効率的にまわろう　アドバイス

村内は広く、尾前渓谷や仲塔渓谷、白水の滝などの自然の見どころも豊富。上椎葉地区が街の中心。ここに宿をとり、拠点にすると効率よくまわれる。観光協会では、おすすめコースを巡る観光ガイド案内人を紹介してくれる(有料、要予約)。

絶景アドバイザー

九州中央山地国定公園に属し、深い山々と清流などの豊かな自然に囲まれた山里です。公園内は烏帽子岳など1000m超の山々が連なり、登山愛好者も多く訪れます。椎葉村はまた、民俗文化の宝庫。椎葉の自然・文化・食・人に触れてみませんか。

椎葉さん(椎葉村観光協会)

最新情報はココでチェック

(一社)椎葉村観光協会　0982-67-3139
所 宮崎県東臼杵郡椎葉村下福良1822-4

地図注記

- **阿蘇** / **白岩山**
- 広葉樹が多く、芽吹きの春や錦の紅葉は特別に美しい
- ヤマメの棲む渓流と岸辺の巨石や樹木が豊かな渓谷美を見せる
- 急斜面を細く流れ落ちる優美な滝。桜の咲く頃はとくにきれい
- **尾前渓谷**
- 全長70mあり、「若返りの水」と呼ばれている
- **扇山**
- **鳥の霧山**
- **仲塔渓谷**
- 十根川重要伝統的建造物群保存地区
- **八村杉** / 十根川神社
- **大久保のヒノキ** — 高さ32m、幹回り9.3mあり日本一の大檜。推定樹齢800年、国指定天然記念物
- 高さ54.4m、幹回り19mある杉で、高さでは国内2番目を誇る。国指定天然記念物
- **白水の滝** / **焼畑伝承の地**
- **ひえつき発祥の地**
- 焼畑を地元では「コバ」と呼ぶ。夏に火入れをして4年間使用し、その後約30年放置しておく
- **椎葉村**
- **鶴富屋敷**
- **椎葉厳島神社**
- **落ち水の滝**
- **日向椎葉湖**
- **ひえつきの里キャンプ場**
- **上椎葉ダム** / 椎葉民俗芸能博物館 / 椎葉村観光協会
- 椎葉村の民俗文化や平家落人伝説などを幅広く紹介
- **松尾の大イチョウ** — 樹齢約700年、根回り約5mの巨木
- **塚原ダム** / **日向市** / **清水岳** / **笹の峠**
- **柳田國男ゆかりの地** — 柳田國男は著書『後狩詞記(のちのかりことばのき)』の中で椎葉村の狩猟民俗を紹介。ここは柳田の案内人となった当時の村長宅跡
- 日本最初の大規模アーチダム。ダム湖百選に選ばれた景勝スポット
- **尾崎山**

ゆっくり安全な運転を　　交通

- 阿蘇くまもと空港から椎葉村まで車で約2時間
- 日向市駅から椎葉村まで車で約1時間30分

宮崎空港からは車で約3時間。路線バスは日向市駅から1日2便と非常に少なく、広大な村内の移動を考えると、車で訪れるのが基本だ。村内は道幅が狭く、急勾配や急カーブの山道が多いので、運転には十分注意したい。

お楽しみワンポイント♪

菜豆腐
人気の椎葉名物。中に野菜が入った彩り鮮やかな豆腐で、歯ごたえがある。冷奴や湯豆腐でいただく。

椎葉平家まつり
毎年11月第2金〜日曜に上椎葉地区で開催。源氏の那須大八郎と平家の鶴富姫の悲恋物語を再現した大和絵巻武者行列が華々しく行なわれ、多彩な伝統芸能も披露される。

山里の伝統文化を感じる　　モデルプラン

1日目 午前：山の景色を見ながら村内へ
阿蘇くまもと空港から車で椎葉村へ向かう。

1日目 午後：村の伝統や暮らしを見る
上椎葉地区の鶴富屋敷などの名所を巡り、傾斜地にある十根川の伝統集落を見物。宿泊は民宿や旅館で。

2日目 午前：村の豊かな自然を味わう
菜豆腐作りなどの体験メニューに参加。あるいは自然あふれる仲塔渓谷などへドライブして森林浴や川遊びを楽しむ。

2日目 午後：山の恵みをおみやげに
椎葉そばや菜豆腐などの名産品をおみやげに買い求め、熊本や宮崎方面へ向けて村を出発する。

立ち寄りスポット

源平悲恋物語で知られる歴史建築
鶴富屋敷　つるとみやしき
椎葉村役場から徒歩約5分
源氏の末裔である那須家の住宅。鶴富姫と源氏の那須大八郎の悲恋物語の舞台。築300年とされ国の重要文化財。

良縁祈願の源平お守りがある
椎葉厳島神社　しいばいつくしまじんじゃ
椎葉村役場から徒歩約7分
平家討伐の命を受けた那須大八郎は、山でつましく暮らす平家の残党の姿を憐れんで、平家ゆかりの厳島神社を勧請した。

お泊まり情報　上椎葉地区には10室前後の旅館が多く、自然景勝地の尾向地区には家庭的な民宿が集まっている。

66 霧のなかに茫漠と浮かび上がる ゴシック様式の教会と漁村風景

あまくさのさきつしゅうらく
天草の﨑津集落

熊本

﨑津集落は、「長崎の教会群とキリスト関連資産」を構成する重要な要素として、世界文化遺産に推薦されている

漁村に溶け込む教会が 祈りに満ちた集落の歩みを物語る

中世以来、流通・貿易の要地としても栄えてきた漁村集落である﨑津は、16世紀にキリスト教がこの地に布教されてから、禁教下でも信仰を続けてきたキリシタンの里でもある。そのシンボルともいえるのが集落中央にそびえる﨑津教会だ。漁村風景の家並から、ひときわ高く飛び出した尖塔と十字架が、独特の景観を生み出している。

最新情報はココでチェック
天草宝島観光協会　0969-22-2243　熊本県天草市中央新町15-7(天草宝島国際交流会館ポルト)

霧が出やすいのは真冬の早朝　季節／時間

1	2	3	4	5	6	7	8	9	10	11	12

海上にたちこめる霧は、地元漁師たちの間では「ほけぶり」と呼ばれ、11～3月頃の冷え込んだ早朝に発生する確率が高い。霧にこだわらなければ、﨑津集落ののどかな景色や天草の観光は一年を通して楽しめるので、好みの季節に出かけたい。

眺望ポイントと﨑津教会　アドバイス

絶好のビューポイントは、集落から湾を挟んだ対岸側。そのほか、﨑津教会の前から出ている遊覧船や、集落から500段以上もの階段を上った丘にある展望公園からの眺望もおすすめ。なお、教会内は神聖な祈りの場。撮影は禁止されているほか、見学の際は、教会内での雑談や携帯電話の使用は控えたい。毎週日曜日の午前中はミサのため、一般客の見学は不可となる。

島内はレンタカー利用が最も便利　交通

- 三角駅から﨑津集落まで車で約2時間
- 天草空港から﨑津集落まで車で約1時間

﨑津も含め、天草の見どころを巡るなら、レンタカーを利用するのが便利。三角駅周辺や天草空港などでレンタカーを借りよう。島内移動にバスを利用する場合、本数が限られている路線もあるので、あらかじめルートと時刻表を確認しておこう。

下島をぐるっとまわる旅行　モデルプラン

1日目

午前：**熊本方面から天草諸島を﨑津へ**
三角駅からレンタカーで﨑津へ向かう。

午後：**集落の景観を堪能。宿泊は下田温泉へ**
﨑津の景色を存分に味わったあとは、﨑津教会と、そこから車で10分ほどの距離にある大江教会の2つの教会を見学する。その後、下田温泉に移動し宿泊。

2日目

午前：**イルカウォッチングと天草のキリシタン館を巡る**
天草市五和町はイルカウォッチングの名所。船に乗って、沖に生息する野生のイルカが間近で見られる。その後、島原の乱や隠れキリシタンなどの資料を展示する天草キリシタン館を観光。

午後：**駅までの帰り道は、上島のドライブを楽しみながら**
ありあけタコ街道や、風光明媚な天草五橋などを通って三角駅へ。ときには車を停めて寄り道を楽しみたい。

お泊まり情報　本渡港周辺と下田温泉に宿泊施設が集中している。下田温泉は夕景が美しいことでも有名。

天草の﨑津集落

67

人間の営みと自然が調和した光と水の一大ナイトショー

山口

ひがしうしろばたのたなだといさりび
東後畑の棚田と漁り火

農耕と漁業の文化が生み出した限られた時季だけの偶然の絶景

　長門市油谷の東後畑は、日本海に向かって駆け下るように棚田が広がる地区。その美しさから日本の棚田百選にも選ばれている。訪れたいのは水田に満々と水がたたえられる5月中旬～6月上旬。夕日が彼方に沈む時間になると、海上にイカ釣り漁船の漁り火が灯り始め、ぼんやりと光る棚田と調和した、幻想的な光景を目にすることができる。

最新情報はココでチェック
長門市経済観光部観光課　0837-23-1137
（一社）長門市観光コンベンション協会　0837-22-8404

初夏だけの風物だから美しい　季節／時間

1	2	3	4	5	6	7	8	9	10	11	12

イカ釣り漁船が出漁するのは毎年5～11月頃だが、そのうち水田に水が満ち、苗が成長する前の5月中旬～6月上旬のみが、棚田と漁り火とが織りなす美しい光景が見られるチャンス。黄金色に輝く夕日が鏡のような水田に映り込む時間帯も素晴らしい。

運次第という面も…　アドバイス

長門市の観光情報サイト「ななび」で棚田の様子を頻繁に公開・更新している。なお、近年は漁船が減りつつあり、イカの数によっても出漁する漁船の数が変わってくるので、漁り火の数があまり多くない日もある。

多いときには数十艘の漁船が操業。そのタイミングをうかがって、毎年多くの写真愛好家が集まる

棚田の近くに無料駐車場がある　交通

■ 美祢ICから東後畑の棚田まで車で約1時間

駐車場は台数に限りがあり、シーズン中の夕方は満車になることが多いので、確実に停めるためには早めに到着したい。鉄道などの公共交通機関を使って行くのは難しい。

棚田の周辺にも美景が多い　モデルプラン

1日目

午前　**車を使って山陽側から長門市方面へ北上**
山口市内や下関でレンタカーを借り、棚田をめざす。

午後　**周辺の景勝地を巡って夕方を待ち、棚田へ向かう**
日中は、海に向かって123基の鳥居が並ぶ元乃隅稲成神社やその先にある龍宮の潮吹に立ち寄る。夕暮れ前には棚田に移動し、シャッターチャンスを狙おう。夜は長門湯本温泉に宿泊。

2日目

午前　**「海上アルプス」の異名を持つ青海島を船から眺める**
国の名勝に指定されている青海島を、仙崎港から出ている遊覧船で観光。お昼には名物の仙崎イカをぜひ。

午後　**歴史ロマンにあふれる萩の街は気軽に寄れる距離**
城下町として知られる萩は、車で東へ30〜40分ほど。この日も再び棚田の観賞にトライしてみてもいい。

🛏 **お泊まり情報**　長門湯本温泉へは長門市駅から車で約10分。長門市駅周辺にも宿泊施設が数軒ある。

東後畑の棚田と漁り火　221

INDEX

あ

青ヶ島	東京	108
阿寒湖のフロストフラワー	北海道	128
英虞湾	三重	102
阿蘇の草千里ヶ浜	熊本	50
天草の﨑津集落	熊本	218
雨晴海岸	富山	14
伊根の舟屋	京都	208
姥ヶ滝	石川	142
隠岐・西ノ島	島根	114
御輿来海岸	熊本	24
尾瀬ヶ原	群馬／福島／新潟	64
オホーツク海の流氷	北海道	120

か

葛城高原 自然つつじ園	奈良／大阪	84
上高地の大正池	長野	182
河内藤園	福岡	76
北山崎・浄土ヶ浜	岩手	18
九十九島	長崎	118
釧路湿原	北海道	60
黒部峡谷	富山	156
猊鼻渓	岩手	160
慶良間諸島	沖縄	38
古宇利大橋	沖縄	176
国営ひたち海浜公園のネモフィラ	茨城	82
五色沼	福島	194

さ

佐渡島	新潟	104
椎葉村	宮崎	214
四国カルスト	愛媛／高知	58
しまなみ海道	広島／愛媛	94
下栗の里	長野	206
十二湖の青池	青森	178
昇仙峡	山梨	164
白川郷	岐阜	198
知床半島	北海道	8
白米千枚田	石川	212

た

タウシュベツ橋梁	北海道	174
高千穂峡	宮崎	150
竹田城跡	兵庫	88
竹富島のコンドイビーチ	沖縄	32
立山黒部アルペンルート	富山／長野	44
谷瀬の吊り橋	奈良	168
田原海岸の海霧／橋杭岩	和歌山	28
角島大橋	山口	172
都井岬	宮崎	22
瀞峡	和歌山／三重／奈良	154
十和田湖	青森／秋田	186

な

七ツ釜	佐賀	26
七ツ釜五段の滝	山梨	138
鍋ヶ滝	熊本	136
野付半島のトドワラ	北海道	16

は

八幡平	岩手／秋田	54
八甲田山の樹氷	青森	124
波照間島のニシ浜	沖縄	36
美瑛・四季彩の丘	北海道	68
東後畑の棚田と漁り火	山口	220
羊山公園の芝桜	埼玉	80
備中松山城	岡山	92
北竜町のひまわりの里	北海道	78
星峠の棚田	新潟	204

ま

摩周湖	北海道	190
マックラ滝	栃木	132
松島	宮城	110

や

屋久島の白谷雲水峡	鹿児島	144
横手のかまくら	秋田	126
横浜町の菜の花畑	青森	86
吉野山の桜	奈良	74
与論島の百合ヶ浜	鹿児島	42

ら

礼文島	北海道	98

Photo Credits

PIXTA
パレット：Cover

Fotolia
varts：P.2〜3

©与論町商工観光課:Cover,P.42〜43　　©北竜町ポータル:Cover,P.78〜79
©後藤 昌美:P.8〜9　　©環境省釧路自然環境事務所:P.10〜12
©(有)知床ネイチャークルーズ:P.12　　©吉岡 嘉之:P.24〜25
©くまもと写真館:P.25,50〜53,136〜137　　©佐賀県観光連盟:P.26〜27
©細野 省吾:P.32〜33　　©沖縄観光コンベンションビューロー:P.36〜37,40
©山本 英宜:P.43,203　　©立山黒部貫光株式会社:P.44〜49　　©釣井 泰輔:P.58〜59
©尾瀬保護財団:P.64〜67　　©片品村観光協会:P.66〜67　　©ファーム富田:P.71〜72
©香嶋 晃:P.76〜77　　©旭川市旭山動物園:P.79　　©西武鉄道株式会社:P.80〜81
©吉田 利栄:P.88〜90　　©佐々木 修:P.91　　©(一社)高梁市観光協会:P.92〜93
©岡山県観光連盟:P.93　　©(公社)今治地方観光協会:P.94〜97
©青ヶ島村役場:P.108〜109　　©東海大学海洋研究所(撮影:原田 誠):P.108〜109
©(一社)松島観光協会:P.110〜111,113　　©宮城県観光課:P.112〜113
©西ノ島町観光協会:P.114〜117　　©SASEBO:P.118〜119
©横手市観光協会:P.126〜127　　©有限会社 阿寒ネイチャーセンター:P.130
©NPO法人あしょろ観光協会:P.131　　©MUTYO:P.132〜133,138〜139
©平山 文規:P.137　　©山梨市:P.140〜141　　©やまなし観光推進機構:P.141,167
©白山市観光連盟:P.142〜143　　©公益財団法人 屋久島環境文化財団:P.146〜147,149
©屋久島町立屋久杉自然館:P.148　　©黒部峡谷鉄道株式会社:P.156〜157,159
©もちもち工房♪ 岡 靖久:P.170〜171　　©NPOひがし大雪自然ガイドセンター:P.174〜175
©上士幌町観光協会:P.175　　©kourijima.info kouyatakada:P.176〜177
©十和田市:P.186〜189　　©川村 雅之:P.188　　©十和田湖総合案内所:P.188
©摩周湖観光協会:P.190〜193　　©御宿かわせみ:P.194〜195
©白川村役場 観光振興課:P.198〜203　　©十日町市観光協会まつだい支部:P.204〜205
©上平 栄紀:P.212〜213　　©熊本県文化・世界遺産推進室:P.218〜219
©天草市 世界遺産推進室:P.219

写真協力

アオーネ白神十二湖、　阿寒観光協会、　阿蘇草千里乗馬クラブ、
阿蘇市観光協会、　海士町観光協会、　雨晴観光協会、　アルプス観光協会、
伊根町観光協会、　岩手県観光協会、　裏磐梯観光協会、　小国町役場情報課 観光係、
尾道市観光課、　オホーツク・ガリンコタワー、　葛城高原ロッジ、
上高地帝国ホテル、　上高地ナショナルパークガイド、
上富良野町役場 産業振興課 商工観光班、　関電アメニックス くろよん観光事業部、
桔梗屋、　串間市役所 商工観光スポーツランド推進課、　串本町観光協会、
九十九島パールシーリゾート、　釧路観光コンベンション協会、
釧路市産業振興部観光振興室、　釧路市動物園、
釧路町役場 経済部 産業経済課、　熊野交通、　黒部・宇奈月温泉観光局、
黒部市役所 商工観光課、　げいび観光センター、　甲府市観光課、
国営ひたち海浜公園、　古座観光協会、　御所市観光協会、　佐渡観光協会、
座間味村役場 産業振興課、　椎葉村観光協会、　四季彩の丘、
志摩市 商工観光部 観光戦略室、　下関市役所 豊北総合支所、　昇仙峡渓谷ホテル、
昇仙峡ロープウェイ、　知床財団、　知床斜里町観光協会、　知床ナチュラリスト協会、
知床羅臼町観光協会、　西予市役所 経済振興課、
体験村・たのはたネットワーク、　高千穂町観光協会、　竹富町観光協会、
立山自然保護センター、　秩父市役所観光課、
知夫村役場 観光振興課、　津野町役場産業建設課、　道東観光開発、
十津川村役場 観光振興課、　富山県観光連盟、　豊岡市役所 環境経済部 大交流課
今帰仁村観光協会、　那智勝浦町観光協会、　沼田市経済部 観光交流課、
ネイチャープラネット、　八幡平市観光協会、　美瑛町観光協会、
深浦観光協会、　別海町役場産業振興部商工観光課、
北海道旅客鉄道株式会社 旭川支社、　松島島巡り観光船、
松島町産業観光課観光班、　松本市山岳観光課、　マリンパル呼子、
三重県観光連盟、　無量寺・串本応挙芦雪館、　屋久島町役場 企画調整課、
屋久島パーソナルエコツアー、　横浜市役所 産業振興課、
吉野町 文化観光交流課、　吉野山観光協会、　礼文町役場、
礼文島観光案内所、　礼文島観光協会、　輪島市観光協会、　ほか

※このほか、編集制作にあたり多くの方々・関係諸施設からご協力をいただきました。

地球新発見の旅

にっぽん絶景の旅
The Greatest Landscape of Japan

2014年9月18日　初版第1刷発行
2016年9月10日　初版第2刷発行

編　者　K&Bパブリッシャーズ編集部
発行者　河村季里
発行所　K&Bパブリッシャーズ
　　　　〒101-0054　東京都千代田区神田錦町2-7 戸田ビル3F
　　　　電話03-3294-2771　FAX 03-3294-2772
　　　　E-Mail info@kb-p.co.jp
　　　　URL http://www.kb-p.co.jp

印刷・製本　加藤文明社

落丁・乱丁本は送料負担でお取り替えいたします。
本書の無断複写・複製・転載を禁じます。
ISBN978-4-902800-44-9 C0026
©2014 K&B PUBLISHERS

本書に掲載されている地図の作成に当たっては、国土地理院長の承認を得て、同院発行の100万分1日本、50万分1地方図、20万分1地勢図、5万分1地形図及び2万5千分1地形図を使用しました。（承認番号　平26情使、第254号）

本書の掲載情報による損失、および個人的トラブルに関しては、弊社では一切の責任を負いかねますので、あらかじめご了承ください。

K&B PUBLISHERS